30 Jahre und mehr ...

ein Rückblick auf Menschen,
Entwicklungen und Geschichte
im Landkreis Hildesheim

herausgegeben vom
Landkreis Hildesheim

GERSTENBERG

Dieses Buch wurde mit freundlicher Unterstützung der
Sparkasse Hildesheim

und des
Landschaftsverbandes Hildesheim e. V.

realisiert.

Herausgeber:
Landkreis Hildesheim,
Tel. (05121) 309-3151
E-Mail: pr@landkreishildesheim.de
Internet: www.landkreishildesheim.de

Idee und Redaktion Landkreis: Hans-Albert Lönneker (verantwortlich)
Kreisarchiv: Sven Gerking, Bettina Bartosch
Redaktion Verlag: Sven Abromeit
Texte: Carl-Jürgen Conrad, Andrea Germer, Christian Harborth, Hartwig Kemmerer,
         Hans-Albert Lönneker, Peter Rütters, Birgit Schulz, Reiner Wegner,
         Birgit Wilken
Bildnachweis: Abbildungsnachweise am Ende der Bildunterschriften
Satz und Layout: Helmut Flohr
Gesamtherstellung: Gebrüder Gerstenberg GmbH & Co. KG, Hildesheim

Bibliografische Information der Deutschen Nationalbibliothek
Die Deutsche Nationalbibliothek verzeichnet diese Publikation in der
Deutschen Nationalbibliografie; detaillierte bibliografische Daten sind im
Internet über http://dnb.d-nb.de abrufbar.

ISBN 978-3-8067-8714-6
1. Auflage 2007
Printed in Germany

Inhalt

1. EINLEITUNG

Vorwort

Liebe Leserin, lieber Leser,

als ich am 1. November 2006 das Amt des Landrats übernommen habe, war die Idee bereits geboren, das 30-jährige Jubiläum des Landkreises Hildesheim zu feiern und dies mit einem Buch zu begleiten.

Der Zusammenschluss der Landkreise Hildesheim-Marienburg und Alfeld sowie der Stadt Hildesheim zum neuen Landkreis Hildesheim war keine Liebeshochzeit, sondern erfolgte per 1. August 1977 durch ein Gesetz des Landes Niedersachsen, unserem Bundesland, das inzwischen doppelt so alt ist. Da ich während meiner 20-jährigen Arbeit als Kreistagsabgeordneter aus nächster Nähe erlebt habe, dass mancher Zeitgenosse noch immer in den alten Grenzen verharrt, habe ich mir als Landrat auf die Fahnen geschrieben, alles dafür zu tun, unsere liebens- und lebenswerte Region Hildesheim auch in den Köpfen voranzubringen, damit sie eine gute Zukunft hat. Danken möchte ich deshalb ausdrücklich der Sparkasse Hildesheim und dem Landschaftsverband Hildesheim, die in Verbundenheit zu unserer Region dieses Buchprojekt gefördert haben.

Nach unserer Meinung ist das 30. Jubiläum der Gründung des Landkreises durchaus ein Anlass, zurückzublicken und sich zu fragen, wie Geschichten beginnen, wie sie verlaufen, wie sie enden und wie wieder etwas Neues beginnt. Wenn du wissen willst, wer du heute bist, dann schau, wer du gestern warst. Wenn du wissen willst, wer du morgen sein wirst, dann schau, wer du heute bist. Wer die Entwicklungen an sich vorüberrauschen lässt, ohne inne zu halten, der läuft Gefahr, die Orientierung zu verlieren.

*Reiner Wegner
Landrat
(Foto: Archiv HAZ)*

Mit seinen rund 1000 Beschäftigten und seinen 62 von der Bevölkerung gewählten Kreistagsabgeordneten, mit dem Landrat an der Spitze, ist der Landkreis nicht nur eine Behörde, sondern ein gutes Stück kommunaler Selbstverwaltung.

Aber der Landkreis oder besser die Region Hildesheim ist mehr. Sie ist vor allem unsere Heimat, in der wir geboren wurden oder die wir uns als Lebensraum ausgesucht haben, wo wir unsere Ausbildung absolvierten und unseren Arbeitsplatz sowie unsere Freunde und Familien haben. Mit diesem Buch soll kein lückenloser Rückblick über die kommunalpolitische Geschichte des Landkreises oder über die wirtschaftlichen Prozesse und Umwälzungen gegeben werden, geschweige denn über alle kulturellen Entwicklungen. Aber es soll dazu beitragen, dass Geschichte und Geschichten erhalten bleiben.

Mit dem Jubiläumsbuch wird ein bunter Mix ernster und unterhaltsamer Informationen zusammengetragen, um der „Fähigkeit sich zu erinnern" Raum zu geben, sich wiederzufinden und den Blick nach vorn zu richten.

Ich danke besonders herzlich denen, die von der Idee über die Umsetzung bis zum Zustandekommen an dieser Publikation mitgewirkt haben.

Allen Leserinnen und Lesern viel Freude beim Blättern, Stöbern, Lesen und Erinnern.

Hildesheim, im Herbst 2007

*Vorhergehende Seite:
Villa Walshausen bei Heinde
(oben, Foto: Film- und Fotoclub
Hildesheim e.V.),
Getreideverladung im Hafen
Algermissen (unten,
Foto: Harald Kreuzkam)*

*Abbildung Seite 7:
Teich bei Astenbeck
(Foto: Shantala Fels)*

Mit dem Landrat von Ummeln
nach Wetteborn

Eine kleine Reise durch die Statistik des Landkreises

Wer den Landkreis Hildesheim anfliegt, landet zunächst einmal direkt auf dem Dach des Kreishauses. Zumindest wenn man bei Google Earth „Landkreis Hildesheim" eintippt und dann den automatischen Landevorgang – ganz wie die Astronauten über der sibirischen Steppe oder dem Indischen Ozean – einleitet. Hier, mitten in der Stadt Hildesheim, sowie in mehreren Außenstellen arbeitet der Motor des Gebildes, werkeln der Landrat und seine 1100 Mitarbeiter daran, dass das tägliche Zusammenleben der Einwohner und ihre Kontakte zur Außenwelt möglichst reibungslos vonstatten gehen. Den Rahmen geben freilich andere vor: 62 Kreistagsabgeordnete aus allen Winkeln der Region sitzen am Ruder und steuern den Kahn Landkreis stellvertretend für fast 289.982 Einwohner (Stand 06/2007).

Wer wissen will, wo diese Menschen leben, hebt bei Google Earth einfach wieder ab. Lässt die Stadt Hildesheim, die zwar geografisch zum Landkreis gehört, aber politisch ein Eigenleben führt, unter sich, bis im Süden die üppigen Waldgebiete, im Norden die Landeshauptstadt Hannover und im Westen die Teiche auftauchen, die sich wie auf einer Kette zwischen Nordstemmen und Sarstedt aneinander reihen. Dann hat man eine ganz und gar „runde Sache" im Blick: den Landkreis Hildesheim.

Wer sich mit dem politischen und geografischen Gebilde beschäftigt, bekommt zunächst einmal dieses: nackte Zahlen. Wie groß ist der Landkreis? Wie viele Menschen bewohnen ihn, wo befindet sich der höchste Punkt und wo der niedrigste? Wer in die Fakten des Landkreises eintaucht, erfährt nüchterne Zahlen, bis ihm der Kopf brummt. Wir wollen versuchen, die wichtigsten für Sie greifbar zu machen.

Die Kreisgrenze ist 254 Kilometer lang. Wenn der Landrat im zügigen Tempo losmarschierte, könnte er in zwei Tagen wieder am Startpunkt ankommen. Vorausgesetzt, er verzichtet auf Schlaf und sonstige Pausen und unterschreitet flotte fünf Kilometer in der Stunde nicht allzu oft. Natürlich schafft es kein untrainierter Mitteleuropäer 254 Kilometer in zwei Tagen zu gehen. Aber es verdeutlicht die Dimension. Genauso könnte man den Landrat im Auto auf die Reise schicken. Dann bräuchte er zweieinhalb Stunden – wenn er konstant mit 100 Stundenkilometern an der Grenze entlang führe. Sie meinen, entlang der Kreisgrenze führt kein Weg, auf dem man mit dem Auto oder Motorrad fahren könnte? Recht haben Sie, aber statistische Größen bricht man am besten auf, indem man sie in Bildern oder mit handelnden Personen beschreibt.

Denn, mal ehrlich: Was kann sich der Ottonormalverbraucher denn darunter vorstellen, dass der Landkreis insgesamt 1205 Quadratkilometer umfasst? Oder dass dies rund 2,5 Prozent des Landes Niedersachsen ausmacht? Ist es nicht viel einfacher, sich den Ummelner Landwirt vorzustellen, der sich auf seinen Trecker schwingt, um die Fuhre Getreide nach Wetteborn zu bringen? Insgesamt 44,5 Kilometer müsste der Mann zurücklegen, denn dies ist die größte Nord-Süd-Ausdehnung, über die der Landkreis Hildesheim verfügt. Wer den Landkreis über Google Earth betrachtet, ahnt, dass auch die Ost-West-Entfernung dem ziemlich nahe kommt. Und richtig: Wer auf direktem Weg von Söhlde nach Capellenhagen düst, kommt nach 49,3 Kilometern ans Ziel. Und wenn wir den Landrat wieder per pedes losschicken? Ein schneller Marathonläufer erledigt die Distanz in nicht einmal drei Stunden, Reiner Wegner könnte es mit seinem Fünf-Stundenkilometer-Tempo unter zehn Stunden schaffen.

Wer sich nun zum höchsten Punkt des Landkreises aufmachen will, muss wieder in den äußersten Südwesten fahren, nach Duingen. Dort ragt der Mittelgebirgszug Hils in den Landkreis hinein, und die höchste Erhebung des Leinebergland-Höhenzugs befindet sich mit 480,4 Metern über dem Meeresspiegel im Raum Hildesheim: die Bloße Zelle. Und die tiefste Stelle, zu der Menschen hinabkraxeln können? Im Prinzip die Schächte von Kali+Salz, die in Tiefen von bis zu 1000 Metern ragen. Aber beim höchsten Punkt zählten auch nicht vom Menschen erbaute Wetterstationen oder Aussichtstürme mit. Also befindet sich der tiefste Punkt in Ruthe, wo, laut Landkreis-Publikation „Kompass, Köpfe, Kompetenzen" aus dem Jahr 1982, eine Niederung bei 59 Metern über Normalnull liegt.

Wer lebt nun im Landkreis Hildesheim, und vor allem: wo lebt er? Bedenkt man, dass rund 103.000 Einwohner des Landkreises allein in der Stadt Hildesheim leben, ahnt man, dass das große Gedränge nicht im Umland stattfindet. Hier leben zwar fast doppelt so viele Menschen, aber sie haben auch mehr als zehnmal so viel Platz wie die Städter aus der Kreisstadt. 93 Quadratkilometer beanspruchen die Städter Hildesheims für sich. Aber 1205 Quadratkilometer haben die Bewohner der 18 Städte, Gemeinden und Samtgemeinden zur Verfügung. Lässt man die Rechenmaschine weiter rattern, kommt man auf 243 Einwohner der Region, die sich jeweils einen Quadratkilometer Land teilen. Betrachtet man die Stadt und das Umland getrennt, bekommt man freilich ganz andere Ergebnisse: In der Stadt kommen 1112 Einwohner auf jeden Quadratkilometer, im Land sind es 170.

Und was machen die Menschen den lieben langen Tag? Richtig, viele von ihnen gehen täglich in die Schule, an die Hausarbeit oder ins Büro. Laut Regionalbericht 2005 gibt es im Landkreis rund 6300 Betriebe mit zusammen mehr als 83.000 sozialversicherungspflichtigen Beschäftigten. Jeder fünfte kommt aus dem produzierenden Gewerbe. Mehr als 50.000 arbeiten als Dienstleister. Die halbe Großstadt Hildesheim in Taxis, Restaurants oder Beratungsinstituten – eine seltsame Vorstellung.

2. WIE DER LANDKREIS WURDE, WAS ER IST

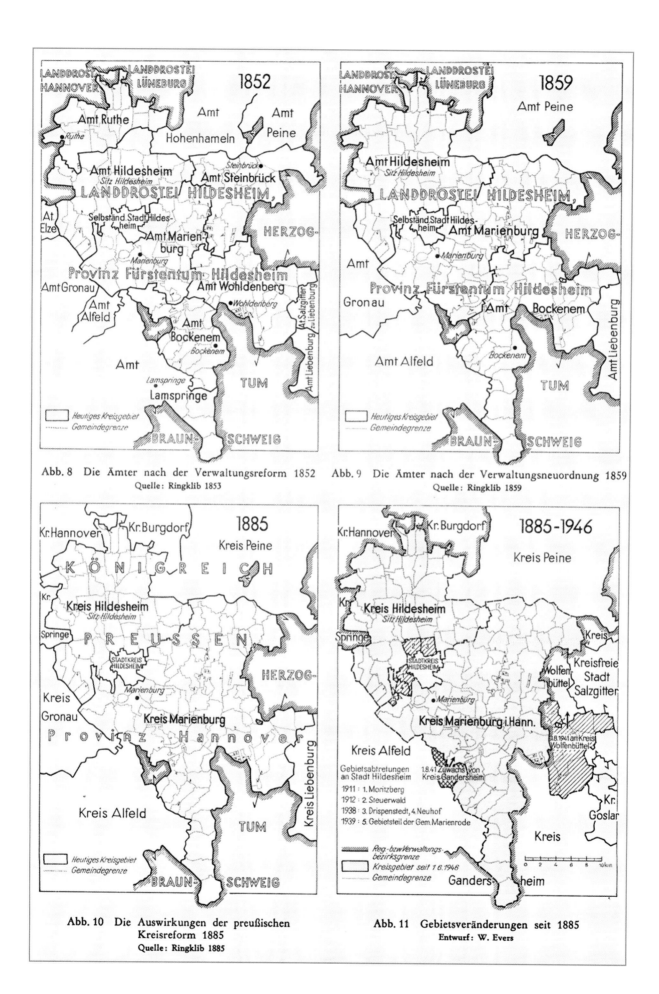

Abb. 8 Die Ämter nach der Verwaltungsreform 1852
Quelle: Ringklib 1853

Abb. 9 Die Ämter nach der Verwaltungsneuordnung 1859
Quelle: Ringklib 1859

Abb. 10 Die Auswirkungen der preußischen
Kreisreform 1885
Quelle: Ringklib 1885

Abb. 11 Gebietsveränderungen seit 1885
Entwurf: W. Evers

Ein Blick in die Geschichte

Der Landkreis Hildesheim ist ursprünglich eine preußische Einrichtung. Aber die Gebiete, die heute innerhalb seines Territoriums liegen, haben eine viel weiter zurückliegende gemeinsame Vergangenheit; sie bilden den größten Teil des ehemaligen Hochstifts Hildesheim. Im Jahre 1235 wurde das Bistum als eigenständiges Reichsfürstentum anerkannt. Der Bischof, gleichzeitig weltlicher Landesherr, richtete zur Erledigung der Verwaltungsaufgaben seines Gebiets „Ämter" ein. An ihrer Spitze standen anfangs Vögte, später Amtmänner in Vertretung des Landesherrn. Diese Einteilung des Landes in Amtsbezirke blieb im Prinzip bis ins 19. Jahrhundert bestehen.

Dieses Jahrhundert begann für Hildesheim mit einem Paukenschlag: zur Entschädigung für seine linksrheinischen Gebiete, die sich Frankreich unter Napoleon einverleibt hatte, erhielt Preußen im Jahre 1802 unter anderem das Gebiet des Fürstbistums Hildesheim, das durch den Reichsdeputationshauptschluss von 1803 wie alle geistlichen Territorien säkularisiert wurde. Preußen, kurz vor den preußischen Reformen, schickte sich gerade an, zu einem der modernsten Staaten Europas zu werden. Es begann, auch im Hildesheimer Land die Verwaltung der preußischen anzupassen und aus den Ämtern altpreußische Landkreise zu formen, mit Kreissitzen in Peine, Liebenau und Elze. Die Maßnahmen hatten jedoch kaum die Möglichkeit sich zu bewähren, denn schon 1807 begann die „Franzosenzeit". Bis 1813 war das Hildesheimer Land Teil des Königreichs Westphalen, dass Napoleons Bruder Jérôme regierte. Die Verwaltungsstruktur wurde nun der französischen angepasst. Das Gebiet des heutigen Landkreises Hildesheim gehörte zu den Départements Leine und Oker.

Die Verhandlungen auf dem Wiener Kongress restaurierten nach der napoleonischen Zeit das alte Europa. Da Preußen auf Hildesheim verzichtete, fiel das Gebiet 1813 an das bald darauf zum Königreich erhobene Hannover. Damit kehrte am 1. Mai 1815 die Amtsverfassung zurück, allerdings in neuer, hannoverscher Form. Innerhalb des heutigen Gebiets des Landkreises Hildesheim wurden elf Ämter geschaffen, die hoheitliche Aufgaben wahrnahmen und geographisch zum Teil den alten Amtsbezirken entsprachen. 1836 kamen zwei weitere hinzu: die Ämter Alfeld und Gronau. Bereits 1823 hatte die hannoversche Regierung in Hildesheim eine Landdrostei als oberste Behörde des Regierungsbezirks eingerichtet. Damit begann die Geschichte der Stadt als Regierungssitz.

Die verfehlte Politik Georg V. kostete ihn 1866 sein Königreich: Hannover fiel an Preußen. Die nicht mehr vom Reformeifer beseelten Preußen reorganisierten nun das Hildesheimer Land erst nach geraumer Zeit. Das Kernland Preußens war bereits im Zuge der berühmten Reformen am 30. April 1815 in neue Provinzen und Regierungsbezirke eingeteilt worden; dementsprechend wurde nun das ehemalige Königreich zur Provinz Hannover. Die Landdrosteien verwandelten sich nach dem Gesetz über die allgemeine Landesverwaltung vom 30. Juli 1887 in Bezirksregierungen mit einem Regierungspräsidenten an der Spitze. Hildesheim kämpfte dafür, den Regierungssitz zu behalten – und war erfolgreich.

Am 23. April 1816 hatte Preußen sein Staatsgebiet in erneuerte Kreise gegliedert. Der preußische Reformer Stein hatte den Gedanken vertreten, analog zu seiner Städteordnung von 1808 auch der Landbevölkerung die volle Selbstverwaltung zukommen zu lassen, was er aber nicht mehr umsetzen konnte. Die neuen Kreise hatten daher restaurativen Charakter und entsprachen seinen Ideen nicht. Erst die preußischen Kreisordnungen der 70er und 80er Jahre des 19. Jahrhunderts nahmen seinen Gedanken wieder auf. Am 6. Mai 1884 beendete die Preußische Kreisordnung für die Provinz Hannover die Ära der Amtsverfassungen. Das Gesetz, das am 1. Januar 1885 in Kraft trat, war der Ursprung der Landkreise Hildesheim, Marienburg, Alfeld und Gronau.

Waren die Ämter noch rein staatliche Verwaltungsbezirke gewesen, so nahmen die neuen Kreise nun sowohl hoheitliche als auch kommunale Aufgaben wahr, wobei letztere einen immer größeren Raum einnahmen. Sie verwirklichten also zum Teil Steins Gedanken der Selbstverwaltung, allerdings noch unter einem vom König eingesetzten

Vorhergehende Seite:
Gebietsentwicklung des Landkreises Hildesheim (Foto: Kreisarchiv / Pressestelle Landkreis Hildesheim)

Abbildung auf Seite 13:
Blick auf Harsum
(Foto: Archiv HAZ)

Landrat. Der Kreistag hatte hier nur ein Vorschlagsrecht. Erst in der Weimarer Zeit konnte er über die Person des Landrats mit entscheiden.

Die Preußische Verordnung über die Neugliederung von Landkreisen vom 1. August 1932 legte im Regierungsbezirk Hildesheim die Kreise Alfeld und Gronau zusammen. Die Kreisordnung als solche spielte aber wegen der Gleichschaltung im Nationalsozialismus faktisch in der Folgezeit keine Rolle und kam erst nach dem Krieg wieder zum Tragen.

Die Verordnung Nr. 21 der Militärverwaltung führte am 1. April 1946 die revidierte deutsche Gemeindeordnung ein, angelehnt an die Prinzipien des englischen Local Government. Der Niedersächsische Landtag legte 1947 fest, dass die Grundsätze dieser Gemeindeordnung auch für die Verfassung und Verwaltung der Landkreise sinngemäß gelten sollten. Sie wandelten die Landkreise in eine rein kommunale Gebietskörperschaft um. Erst jetzt kam es zu einer Trennung von Politik und Verwaltung, die sich im ehrenamtlichen, vom Kreistag gewählten Landrat und im Oberkreisdirektor als Verwaltungschef personifizierten. Diese Doppelspitze wurde in Niedersachsen 1996 abgeschafft, der hauptamtliche Landrat wird seitdem direkt gewählt.

Am 1. Juni 1946 wurden durch Erlass des Oberpräsidenten in Hannover die Kreise Hildesheim und Marienburg zusammengelegt. Das war zu diesem Zeitpunkt nur noch Formsache, denn sie hatten schon während des Krieges einen gemeinsamen Landrat und gemeinsame Dienststellen. Alle gebietsmäßigen Veränderungen der Verwaltungsbezirke, zu denen es im Lauf der Geschichte immer wieder gekommen war, wurden ohne große Diskussionen per gesetzlicher Anordnung vollzogen.

Vorhergehende Seite:
Haus Escherde (oben, Foto: Film- und Fotoclub Hildesheim e.V.), Blick auf Alfeld vom Himmelberg (unten, Foto: Holger Millies)

Das Gildehaus in Bad Salzdetfurth (Foto: Dr. Udo Meier)

Vorgeschichte einer Reform

Zur Vorgeschichte: Im Herbst des Jahres 1974 war noch nicht erkennbar, dass in absehbarer Zeit ein Großkreis Hildesheim mit rund 300 000 Einwohnern entstehen würde. In Hannover stellte eine Koalition aus SPD und FDP unter Ministerpräsident Alfred Kubel die Landesregierung, die in einem Referentenentwurf eine Kreis- und Bezirksreform umsetzen wollte, um Verwaltungsleistungen zu rationalisieren. Zielvorstellung war, so der damalige Innenminister Rötger Groß (FDP), Kreise mit einer Mindestgröße von 150 000 Einwohnern zu schaffen. Die Verantwortlichen des Landkreises Alfeld (Leine), an der Spitze Landrat Wilhelm Hintsche („Wilhelm I."), und Oberkreisdirektor Herbert Lüdicke konnten zu diesem Zeitpunkt den Entwicklungen mit Gelassenheit entgegensehen. Nach dem Referentenentwurf war vorgesehen, den Landkreis Holzminden aufzulösen und einem neuen Landkreis Alfeld mit 150 000 Einwohnern und einer Fläche von 1.063 qkm zuzuordnen. Der Landkreis Hildesheim-Marienburg sollte nur um die Gemeinde Baddeckenstedt ergänzt werden.

Als Alternative zu diesem Vorschlag wurde erwogen, einen Weserkreis, bestehend aus den Kreisen Hameln und Holzminden, zu bilden. Nur in diesem Fall sollte der Landkreis Alfeld aufgelöst und dem Kreis Hildesheim-Marienburg zugeschlagen werden. Eine unwahrscheinliche Alternative, denn in Hannover schien die Mehrheit dafür zu stehen, den Landkreis Alfeld bestehen zu lassen.

Der frisch gewählte Ministerpräsident Ernst Albrecht besucht 1976 die Stadt Alfeld (Foto: Archiv HAZ)

Im Juni 1975 sprechen sich die Koalitionsparteien SPD und FDP im Landtag für eine Zusammenlegung der Kreise Alfeld und Holzminden aus. Der Landkreis Hildesheim soll danach nicht einmal den Raum Baddeckenstedt dazu gewinnen. Der Alfelder Kreistag begrüßt diese Überlegung mit einer einstimmig verabschiedeten Resolution. Der Hildesheimer Kreistag dagegen beschließt in einer ebenfalls einmütigen Resolution, eine Vergrößerung des Landkreises, unabhängig von der Frage der Ein- oder Auskreisung der Stadt Hildesheim, zu realisieren. Als die Regierungskoalition den Gesetzentwurf vorlegt, macht sich Widerstand zahlreicher SPD-Landtagsabgeordneter gegen die von der SPD/FDP Koalition geplante Kreisreform bemerkbar. Als Ministerpräsident Alfred Kubel den Entwurf vorstellt, weist er allerdings darauf hin, dass die Konzeption stehe, man aber noch nicht sicher sei, eine Mehrheit für den Regierungsentwurf zu bekommen. Diese Einschätzung ist begründet.

Als der Niedersächsische Ministerpräsident Alfred Kubel aus Altersgründen zurück tritt, wendet sich das Blatt, als sein Nachfolger Helmut Kasimier (SPD) von der SPD-FDP-Mehrheit im Landtag gewählt werden soll. Kasimier findet nach zwei Abstimmungen in geheimer Wahl keine Mehrheit. Als dann der bisherige Bundesminister Karl Ravens (SPD) antritt, bekommt auch dieser keine Mehrheit. Am 15. Januar 1976 wird dann überraschend Ernst Albrecht (CDU) zum neuen Niedersächsischen Ministerpräsident gewählt. Er bildet am 6. Februar 1976 eine Minderheitsregierung.

Im Laufe des Jahres 1976 zeichnet sich politisch eine neue schwarz-gelbe Mehrheit im Landtag ab. Nach zähen Verhandlungen einigen sich CDU und FDP auf ein gemeinsames Programm für eine Koalitionsregierung. Am 5. Dezember 1976 schließen CDU und FDP eine Koalitionsvereinbarung, die auch eine hauchdünne Mehrheit des FDP-Sonderparteitages in Wolfsburg findet. Wesentlicher Inhalt dieser Vereinbarung sind die geänderten Absichten zur Gebietsreform. Im Regierungsentwurf heißt es: „Die Landkreise Hildesheim und Alfeld werden aufgelöst. Es wird ein neuer Landkreis Hildesheim geschaffen aus dem bisherigen Kreis und den bisherigen Gemeinden des Landkreises Alfeld – ohne die Samtgemeinde Duingen. Sitz der Kreisverwaltung ist Hildesheim. Hildesheim bleibt eingekreist."

Damit wird klar, dass der Leinestadt der Verlust des Kreissitzes mit den damit verbunden negativen „sozio-ökonomischen" Auswirkungen droht. Angesichts dieser Entwicklung wird von der Politik die Bildung eines neuen Leinetalkreises mit Kreissitz Alfeld ins Spiel gebracht. Danach soll der Landkreis um die Stadt Gandersheim und die Gemeinden Kreiensen und Delligsen erweitert werden. Diese Vorschläge haben aber keine Realisierungschance.

In Alfeld wird am 8. Januar 1977 eine „Bürgerinitiative zur Erhaltung des Landkreises Alfeld" ins Leben gerufen, die vom Kreishaus aus gesteuert wird, aber den Rückhalt der Parteien, Verbände und Institutionen findet. Sie arbeitet in der Rechtsform eines eingetragenen Vereines. Vorsitzende sind der frühere Oberkreisdirektor Herbert Lüdicke und später Anneliese Peck. 25.000 Unterschriften werden gegen die Pläne der Landesregierung gesammelt. Die Protestbewegung formiert sich: Resolutionen

werden verfasst, Flugblätter und Transparente gedruckt, Anzeigen geschaltet und Protestveranstaltungen organisiert. Ministerbesuche aus Hannover (Sozialminister Schnipkoweit, Kultusminister Remmers, Innenminister Groß) müssen sich bei ihren Besuchen in Alfeld mit Tausenden von Demonstranten auseinandersetzen. Höhepunkt ist eine Großveranstaltung in Hannover, an der aus den betroffenen Landkreisen rund 20.000 Demonstranten teilnehmen. Der Würzburger Universitätsprofessor Dr. Franz-Ludwig Knemeyer kommt in einem Rechtsgutachten zu der Erkenntnis, dass die Reformpläne verfassungswidrig sind. Die SPD-Landtagsfraktion in Hannover will die Verfassungsmäßigkeit des 8. Gesetzes zur niedersächsischen Verwaltungs- und Gebietsreform durch den Staatsgerichtshof in Bückeburg überprüfen lassen. Alles hilft nichts. Am 9. Juni 1977 wird das Gesetz mit 82 Ja- und 71 Neinstimmen bei einer Enthaltung verabschiedet. Aus den aufgelösten Kreisen Hildesheim und Alfeld (Leine) entsteht der neue Landkreis Hildesheim, mit Sitz in Hildesheim, zunächst ohne die Samtgemeinde Duingen, die dem Landkreis Holzminden zugeordnet wird. Am 1. August wird der Landkreis Alfeld aufgelöst. Die Samtgemeine Duingen gehört ab dem 1. 7. 1981 – aufgrund eines Urteils des Staatsgerichtshofes (Bückeburg) – wieder dem Landkreis Hildesheim an.

Das Kreishaus des Landkreises Marienburg vor der Ausbombung 1945 in der Kaiserstraße (Foto: Kreisarchiv / Pressestelle Landkreis Hildesheim)

Der lange Weg zur Kreisreform 1965 bis 1977

Am Bürger vorbei?

War es nun „eine mit Augenmaß vorgenommene Reform für den Bürger", wie der niedersächsische Innenminister Rötger Groß sie nannte, oder waren die Reformer einem „Flächenrausch" verfallen, wie die Kritiker monierten? Die Rede ist von der Kreisreform im Lande Niedersachsen, die Mitte der siebziger Jahre des 20. Jahrhunderts die bundesweit durchgeführte Gebiets- und Verwaltungsreform der Länder abschließen sollte. Niedersachsen war spät dran mit der Reform, hätte also eigentlich von den Erfahrungen der anderen profitieren, aus ihren Fehlern lernen können. Doch was sich heute mehr oder weniger einträchtig präsentiert, ging vor 30 Jahren aus Geburtswehen hervor, deren Heftigkeit nicht vorauszuahnen war. Parteien, Gebietskörperschaften und weite Teile der Bevölkerung schlossen sich im Protest gegen die Reform zusammen und lieferten sich mit den verantwortlichen Politikern von Anfang an heftigste Auseinandersetzungen, die voller Emotionalität, ja Aggressivität geführt wurden.

DER LANGE WEG ZUR KREISREFORM • 21

Dabei hatten die überraschten Politiker gute Gründe für ihr Anliegen; eine Gebietsreform, darin waren sich alle Parteien einig, schien schlichtweg vernünftig und der auf Reformen ausgerichtete Zeitgeist unterstützte ihr Vorhaben. So wurde nach ersten gedanklichen Ansätzen in den 50er Jahren mindestens seit Mitte der 60er in allen Bundesländern ernsthaft über Reformen diskutiert.

Das Problem waren zunächst die Klein- und Kleinstgemeinden. Niedersachsen hatte vor der Reform 60 Landkreise, darin 4202 selbständige Gemeinden, von denen 2080 weniger als 500 Einwohner hatten. Deren Bürgermeister erledigten zum Teil jahrzehntelang ehrenamtlich neben ihrem Beruf eine Fülle von Verwaltungsaufgaben. Das gute daran: Bürgernähe war garantiert. Der vielleicht auch nur vermeintliche Nachteil offenbarte sich aus dem Blickwinkel modernen, rationalen Behördendenkens: oftmals war diese Art der Verwaltung angesichts gestiegener Erwartungen nicht besonders effektiv. Hinzu kamen neue Aufgaben, beispielsweise im Umweltschutz und dem Bildungswesen, die Fachkräfte erforderten. Längst wanderten Zuständigkeiten aus den Landgemeinden ab, die Zusammenarbeit zwischen den Städten und ihrem Umland nahm zu, kommunale Verbände wurden geschaffen. Dennoch waren die Landgemeinden in ihrer Infrastruktur unterversorgt und die Menschen zogen lieber in die Städte. Die allgemeine Entwicklung hatte die Gemeindestruktur überholt. Größere Gemeinden, die rationeller arbeiten und besser planen konnten, sollten geschaffen werden. Das aber führte zu Konsequenzen auf den höheren Ebenen: den Kreisen und Bezirken.

Wie sehr die Reformbemühungen später auch diskutiert wurden – dass etwas passieren musste, sahen alle ein. Und wenn es auch von Anfang an Proteste von Funktionären und in der Bevölkerung gab, so existierte doch auch eine starke Reformbereitschaft. Das sollte sich ändern. Die Art und Weise, wie die Reform den Bürgern vermittelt oder besser nicht vermittelt wurde, war unangemessen. Statt klarer Zielvorstel-

Das Kreishaus des Landkreises Marienburg vor der Ausbombung 1945 in der Speicherstraße (Foto: Kreisarchiv / Pressestelle Landkreis Hildesheim)

lungen machten Schlagworte die Runde: Bürgernähe, Effizienz, Kostenersparnis. Rücksichtnahme auf historische Zusammenhänge wurde propagiert, aber häufig nicht beachtet. Wen interessierten in den 60ern und 70ern muffige Traditionen? Es fehlte häufig das Verständnis für ein Heimatgefühl, das Gespür für historisch Gewachsenes, für alte Verbundenheiten, lieb gewordene Abneigungen oder auch nur Gewohnheiten. Rein formale Aspekte waren zudem viel leichter zu berechnen. Allerdings trat bei den Protesten auch immer wieder zutage, dass es nicht nur darum ging, historische Grenzen zu verteidigen, sondern auch ganz handfeste Interessen, wie die Länge des Weges zur Arbeit oder zur Behörde oder die Lebensqualität im eigenen Ort. Und dabei diskutierte so mancher unter dem Leitbild des St. Florian Prinzips.

Die im Lauf der Zeit mehrfach vorgenommenen Änderungen der Pläne, ohne dass die Gründe für die Bürger noch nachvollziehbar waren, mussten bei diesen zudem den Verdacht einer gewissen Beliebigkeit aufkommen lassen. Gleichzeitig fühlten sie sich in einer Angelegenheit, die ihren Alltag unmittelbar betraf, mit ihren Protesten nicht ernst genommen. Tatsächlich hatte man irgendwie vergessen, die Betroffenen, die mündigen Bürger, nach ihren Reformvorstellungen zu fragen oder sie gar abstimmen zu lassen. Sie empfanden daher die Ergebnisse oft als Diktat. Zwar reisten die verantwortlichen Politiker durch das Land, stellten sich den Bürgern und empfingen Delegationen – aber hatten sie auch zugehört? Der Vorwurf, hier offenbare sich ein Demokratieproblem, ist nicht ganz aus der Luft gegriffen.

Am Anfang war die Weber-Kommission

In Hannover regierte seit 1965 eine Große Koalition unter Georg Diederichs, die Gebiets- und Verwaltungsreformen als eine ihrer vordringlichsten Aufgaben ansah. Als ersten Schritt berief sie im selben Jahr eine Kommission, welche den Auftrag erhielt,

Das Kreishaus des Landkreises Marienburg vor der Ausbombung 1945 mit dem Sitzungssaal des Kreisausschusses (Foto: Kreisarchiv / Pressestelle Landkreis Hildesheim)

Das Kreishaus des Landkreises Marienburg vor der Ausbombung 1945 mit dem Dienstzimmer des Landrats (Foto: Kreisarchiv / Pressestelle Landkreis Hildesheim)

entsprechende Vorschläge zu entwickeln sowie die Verteilung der öffentlichen Aufgaben auf staatliche und kommunale Behörden neu zu regeln. 1967 wurde der Auftrag erweitert um die Erstellung eines Gutachtens für die Bezirksreform. Unter dem Vorsitz des Göttinger Professors für Staats- und Verwaltungswissenschaften Dr. Werner Weber arbeiteten Vertreter aller Parteien zusammen, darunter fünf Landtagsabgeordnete, der Ministerialdirigent der Staatskanzlei, ein Regierungspräsident und vier weitere Mitglieder aus dem Bereich der kommunalen Selbstverwaltung. Kurz: Wissenschaft und Praxis waren vertreten.

Die Gutachter hatten neben dem Landesentwicklungsplan eine Reihe von Zielvorgaben zu beachten: um eine effizientere Kommunalverwaltung zu schaffen, sollten die bestehenden Einheiten auf der Ebene der Gemeinden, Landkreise, kreisfreien Städte und Bezirke durch Vereinigungen vergrößert werden. Die sich ergebende zahlenmäßige Verringerung der Verwaltungseinheiten sollte helfen Kosten zu sparen, aber das übergeordnete Ziel war die Ersparnis nicht. Wesentlich war die Verbindung der Kreisreform mit einer Funktionalreform, das heißt einer Verwaltungsreform, deren Ziel eine Aufgabenverlagerung von höheren auf untere Verwaltungsebenen war, vom Land auf die Bezirke, von den Bezirken auf die Landkreise, von den Landkreisen auf die vergrößerten Gemeinden. Gern wurde später als Ziel auch die Stärkung der kommunalen Selbstverwaltung angegeben, doch davon kann bei näherer Betrachtung wohl keine Rede sein.

1966 und 1967 legte die Kommission Jahresberichte vor, im März 1969 präsentierte sie, angereichert mit vielen Karten, ihr Schlussgutachten. Bei der Vorstellung betonte Professor Weber, es handele sich um einen „Gesamtplan zur Verwaltungs- und Gebietsreform, der in sich ein geschlossenes Ganzes darstellt". Es bestehe ein wechselseitiger Zusammenhang der Reform der Gemeinden, der Kreise, Bezirke und der Landesverwaltungen, was aber eine zeitliche Staffelung der Reform nicht ausschließe, die, alles andere sei utopisch, auch erwartet werde. Kreis- und Bezirksreform sollten aller-

dings zum selben Termin durchgeführt werden, während die Gemeinden wohl eine längere Übergangsfrist brauchten.

Für die neuen Gemeinden war eine Größe von grundsätzlich 7-8000, mindestens 5000 Einwohnern vorgesehen. Städte sollten mit den eng mit ihnen verflochtenen Umlandgemeinden zusammengeschlossen werden, kreisfreie Städte nicht unter 130 000 Einwohner haben. Daher wurde für Hildesheim die Einkreisung empfohlen. Die Anzahl der Landkreise reduzierte das Gutachten von 60 auf 28 und sah die ideale Größe bei 150 000 Einwohnern. Den Landkreisen Hildesheim und Alfeld empfahl die Kommission den Zusammenschluss. Webers Gruppe plädierte für die Beibehaltung der Bezirksregierungen, obgleich es schon damals Stimmen gab, die sie für überflüssig hielten, reduzierte ihre Anzahl allerdings von acht auf vier. Die Bezirke Hannover und Hildesheim sollten zusammengelegt werden; als Regierungssitz war Hannover vorgesehen. Schließlich stellte das Gutachten eine Liste mit 1600 Zuständigkeiten auf, deren Verlagerung erwägenswert schien.

Weber rechnete mit großen Schwierigkeiten bei der Umsetzung. Tatsächlich wurde zum Zeitpunkt der Veröffentlichung längst heftig über die Reformpläne diskutiert. Längst hatte es, bezogen auf die Jahresberichte der Kommission, Stellungnahmen der kommunalen Spitzenverbände gegeben. Längst waren die Kommunalpolitiker alarmiert, die örtlichen Behörden entsetzt und die Bürger mindestens erschreckt. 1968 hatte das Innenministerium eine Karte veröffentlicht, welche die Kommission als „Diskussionsvorschlag für eine künftige Landkreisgliederung als Grundlage für die Anhörung der Landkreise" verstanden wissen wollte. Begründungen für die vorgelegten Zuschnitte der Landkreise wurden dabei nicht gegeben. Der Landkreistag reagierte heftig: die Überschaubarkeit der Kreise sei nicht gewährleistet; das Maß an Zerstückelung sei mit dieser Karte überschritten. Vom 18. bis 30. November 1968 wurden in Hannover die Vertreter der Landkreise angehört, erst dann entwickelte die Kommission ihren endgültigen Vorschlag. Interessant ist der ursprüngliche Plan für den Kreis Hildesheim-Marienburg: Gedacht war an den Zusammenschluss mit dem gesamten Kreis Alfeld, Teilen der Kreise Burgdorf, Peine, Gandersheim, Springe und vielleicht sogar mit dem Kreis Holzminden. Im Gegenzug sollte Hildesheim das Gebiet um Sarstedt abtreten, die Nordspitze bei Bolzum und den Südzipfel mit Groß Rhüden, Mechtshausen und Bilderlahe, die an Goslar fallen sollten. Mit der eingekreisten Stadt hätte der Landkreis dann 291 000 Einwohner gezählt.

Hildesheimer Sorgen

Vielerorts schienen lange gehegte Befürchtungen wahr zu werden. Zweierlei erschreckte die Hildesheimer: zunächst der vorgesehene Verlust der Kreisfreiheit, der in Rat und Verwaltung wie eine Bombe einschlug. Der Hildesheimer Stadtrat verfasste einstimmig eine Resolution: „Hildesheims Kreisfreiheit antasten zu wollen, heißt die Axt an die Wurzel der vielhundertjährigen Eigenständigkeit einer Stadt zu legen, deren bedeutende urbane Entwicklung gerade auf ihrer immer wieder verteidigten Freiheit beruhte." Die Hildesheimer Presse titelte „Der ‚Pott' fängt an zu kochen – Hildesheim entschieden gegen Einkreisung". Sollte Hildesheim etwa den Kleinstädten im Kreis gleichgestellt werden? Zumal eine hinreichende Vereinigung mit den Umlandgemeinden nicht geplant war. Oberstadtdirektor Kampf sah seine Stadt „als Stiefkind ersten Ranges" behandelt, denn vergleichbare Städte sollten kreisfrei bleiben. Hildesheim forderte Gleichbehandlung.

Lediglich Kreisoberrat Franz Buerstedde veröffentlichte einen persönlichen Diskussionsbeitrag, in dem er empfahl, das Für und Wider einer Einkreisung doch nüchtern zu erörtern. Er erinnerte an die „Chance... in dem großen einheitlichen Regionalverband Landkreis Hildesheim die Notwendigkeit aller Gemeinden dieses Raumes einschließlich der Stadt bei allen Planungen und Entscheidungen optimal aufeinander abzustimmen". Der Kampf gegen die Einkreisung sei ein „Kampf an falscher Front", es gebe wichtigere Aufgaben, darunter die Erhaltung des Regierungssitzes für Hildesheim.

Da lag das zweite große Problem. Denn was die Hildesheimer noch mehr umtrieb, war der drohende Abzug der Bezirksregierung, die immerhin seit 1885 in Hildesheim ansässig war. Verlust der Kreisfreiheit und Verlust der Regierung – das war zuviel. Hil-

Bauphase des Kreishauses
(Foto: Kreisarchiv / Pressestelle
Landkreis Hildesheim)

desheim schien an allen Reformfronten bedroht. Wäre das nicht zwangsläufig mit wirtschaftlichen Nachteilen verbunden? Würden der einen Behörde nicht weitere folgen? Würde Hildesheim nach dieser Abwertung nicht zu einem Provinznest verkommen. Nach Veröffentlichung des Weber-Gutachtens 1969 steigerten sich die Befürchtungen und mündeten in einer großen Protestaktion, gleichermaßen getragen vom Stadtrat, Parteien, unterschiedlichsten Verbänden, dem Bürgertum und dem Bischof. Dabei stand die Frage nach dem Regierungssitz noch gar nicht auf der Tagesordnung. So war 1969 nur der erste Höhepunkt dieser Aktionen, ein zweiter folgte 1977, als es wirklich ernst wurde. Um es vorweg zu nehmen, denn hier soll es ja um die Kreisreform gehen: es war vergebliche Liebesmüh. Hildesheim musste den Regierungssitz 1978 an Hannover abgeben und erhielt dafür im Gegenzug das Landessozialamt. 2005 hatte sich dann der Gedanke durchgesetzt, die Bezirksregierungen seien überflüssig, und sie wurden aufgelöst.

Koalitionsvereinbarungen 1

Zwischen 1967 und 1970 erarbeitete die große Koalition in Hannover eine Reihe von Reformgesetzen, begleitet von heftigen Debatten, denn auch untereinander war man sich keineswegs einig. Die Gebietsreform wurde ein Zankapfel zwischen SPD und CDU. Dabei ging es weniger um die Gemeinde- und die Bezirksreform; sie waren und blieben auch künftig kaum strittig. Aber die Kreisreform entwickelte sich zum Dauerkonflikt, der mit immer neuen Vorschlägen am Leben erhalten wurde. Schließlich setzte die Koalition zwecks Ausarbeitung eines neuen Kreisgliederungsvorschlags eine kleine Kommission mit wenigen Abgeordneten aus beiden Regierungsfraktionen ein: den „Kronsberger Kreis", der im Oktober 1969 seine Vorschläge anbot. Man folgte weitgehend der Weber-Kommission, doch nun sollten 37 Landkreise geschaffen werden – warum man von Webers 28 Kreisen abwich, wurde nicht erläutert – und 11 kreisfreie Städte, darunter Hildesheim, erhalten bleiben. Letzteres sollte sein Stadtgebiet jedoch lediglich um Ochtersum, Marienrode, Barienrode und Diekholzen erweitern – die Stadt wollte mehr.

Als Stichtag der Reform galt der 1. Januar 1971, der jedoch bald in Frage gestellt wurde. Innenminister Otto Bennemann, SPD, erhielt den Auftrag, die Vorentwürfe des

Richtfest des Kreishauses
am 1. 11. 1988
(Foto: Siegfried Dyballa)

Gesetzes fertigzustellen und den Betroffenen Mitte Mai 1970 zuzuleiten. Nach deren Stellungnahmen stand der endgültige Kabinettsbeschluss an. Doch dazu kam es nicht mehr, da 1970 der Landtag aufgelöst wurde. „Alle bis dahin getroffenen Maßnahmen ließen daher ein geschlossenes Konzept vermissen, das die Reform in einem Guß hätte erscheinen lassen."

Gemeindereform

Der Fahrplan für die Reform wurde immer ungewisser und unübersichtlicher. Die neue SPD-Regierung unter Alfred Kubel, Innenminister wurde Richard Lehners, entschloss sich schließlich, zunächst mit der Reform auf der Gemeindeebene zu beginnen. Hier sollte sie bis 1974 abgeschlossen sein, erst dann würden Kreis- und Bezirksreform folgen. So wurde zwischen 1970 und 1974, von der SPD im Landtag mit nur einer Stimme Mehrheit durchgesetzt, als erster Schritt die Gemeindereform verwirklicht. Eingemeindungen, Gemeindezusammenschlüsse, die Schaffung von Samtgemeinden und die Angleichungen von Verwaltungen standen nun auf der Tagesordnung. Es gab nur wenige Proteste.

Die Gemeindereform war am 1. März 1974 abgeschlossen. Aus den 4065 Gemeinden in Niedersachsen waren 415 größere Verwaltungseinheiten geworden; aus 217 Gemeinden in den Landkreisen Hildesheim und Alfeld 22 Einheiten. Der Stadt Hildesheim selbst wurden neun Umlandgemeinden aus dem Landkreis zugeschlagen. Achtum-Uppen, Bavenstedt, Einum, Himmelsthür, Itzum, Marienburg, Marienrode und Sorsum ließen Hildesheim zahlenmäßig zur Großstadt mit 109 000 Einwohnern mutieren.

Und: Hildesheim verzichtete freiwillig auf seine Kreisfreiheit. Mit Einverständnis der SPD-Mehrheit im Kreistag und der von SPD und FDP im Stadtrat. Die Zustimmung zur Einkreisung hatte die SPD bei einer Tagung in Hohegeiß gefasst – mit Blick auf die Zukunft. Dahinter stand der Gedanke, bei der Kreisreform die für Hildesheim im Weber-Gutachten vorgeschlagene Großkreislösung zu verwirklichen. Der Landkreis Alfeld, Baddeckenstedt, Hohenhameln und Teile des Landkreises Gandersheim sollten dazugehören. Die Einkreisung wurde also als ein erster Schritt verstanden, dem weitere folgen mussten. Die Hauptargumente der Befürworter dieser Großkreislösung entwickelten sich in den folgenden Jahren zum Standardrepertoire in allen Diskussionen: zunächst galt es, zwischen den Ballungszentren Hannover und Braunschweig einen starken Raum zu schaffen. Sodann bedurfte das eingekreiste Hildesheim eines großen Landkreises, um im Hinblick auf die Einwohnerzahl keine „Kopflastigkeit" entstehen zu lassen, denn in einem kleinen Kreis ohne Alfeld hätte fast die Hälfte der Einwohner in der Stadt gelebt. Der Hildesheimer Landrat Erich Franzke, SPD, erklärte seinerzeit, man sei sich bewusst, dass es in Alfeld wenig Neigung zu diesen Plänen gebe, aber Regierung und Landtag würden schon zustimmen. Noch hatte er gut reden.

Mit der Gemeindereform war gleichzeitig eine „kleine Kreisreform" vorweggenommen worden. Die Anzahl der Kreise in Niedersachsen war von 60 auf 48 verringert worden. Der Landkreis Hildesheim-Marienburg änderte seinen Namen, indem Marienburg ersatzlos gestrichen wurde. Kleinere gebietsmäßige Veränderungen liefen ohne große Proteste ab: die Bereiche um Gleidingen und Bolzum und das Rhüdener Becke wurden abgegeben. Dafür erhielt der Kreis Hildesheim den Raum Nordstemmen mit Burgstemmen, Heyersum und Mahlerten vom Landkreis Alfeld, worüber wohl nicht alle ganz glücklich waren, dazu Rössing vom Landkreis Springe.

Diskussionen um die Kreisreform

Hatte die Gemeindereform den Anfang des kommunalen Reformmarathons gemacht, so sollte die Kreis- und Bezirksreform diesen nun vollenden, denn noch standen ja den Gemeinden neuen Gepräges in der Regel die alten kleinen Landkreise gegenüber. Auch hier waren sich alle über die Notwendigkeit einig, aber keineswegs über die konkrete Gestaltung. So kam, während die Bevölkerung noch auf die positiven Segnungen der Gemeindereform wartete, die Diskussion über die Kreisreform erst richtig in Gang.

1974 kündigte Richard Lehners das Ende des Reformprozesses für 1976 an, da in diesem Jahr im Sommer Kommunalwahlen seien, die schon in den neuen Landkreisen stattfinden sollten. Ein solches Argument leistete dem gelegentlich geäußerten Verdacht Vorschub, die Reform werde genutzt, um politische Gewichte neu auszutarieren, sprich Wahlkreise neu zuzuschneiden, wie es bei der Gemeindereform wohl tatsächlich vorgekommen war. Kein bestehender Landkreis sei tabu, kündigte Lehners an, auch die Großräume nicht.

Zunächst aber wechselte im Innenressort der zuständige Minister, denn 1974 übernahm eine SPD/FDP-Koalition die Regierung. Der Ministerpräsident hieß noch immer Alfred Kubel; der Innenminister aber nunmehr Rötger Groß, FDP. Der brachte die Situation auf den Punkt: es sei nicht möglich alle zufrieden zu stellen; nach der Reform sollten alle in gewissem Maße unzufrieden sein, sich aber nicht verschaukelt oder untergebuttert fühlen. Man könne von einem vernünftigen Ergebnis sprechen, wenn sich die Unzufriedenheit gleichmäßig verteile. Noch vor Ende des Jahres 1974 sollte ein Referentenentwurf vorliegen, ausgehandelt zwischen SPD und FDP. Daher war zu vermuten, dass dieser Vorschlag der späteren Gesetzesvorlage der Regierung schon sehr ähnlich sein würde. Zwischen Referenten- und Regierungsentwurf waren die Diskussionen in der Öffentlichkeit und die parlamentarische Debatte eingeplant. Als Stichtag für den Vollzug der Kreisreform war der 1. April 1976 vorgesehen. Sie würde im Gegensatz zur Gemeindereform im ganzen Land gleichzeitig durchgeführt werden. Die Bezirksreform sollte etwas später folgen.

Die Regierung wusste, dass es im Landtag keine breite Mehrheit für die Reform gab, da die Oppositionspartei CDU durchaus andere Vorstellungen hinsichtlich Größe und Anzahl der Landkreise hatte. Aber die Koalition war entschlossen, die Reform im Gespräch mit der CDU, notfalls aber auch gegen deren Stimmen, mit knapper Mehrheit durchzusetzen. Dazu war man auf die Stimmen der FDP angewiesen, doch auch unter den Koalitionspartnern herrschte Uneinigkeit.

Schon vor der Veröffentlichung des Referentenentwurfs wurde im ganzen Land heftig diskutiert und protestiert. Manches war durchgesickert, die Spekulationen schossen ins Kraut. Besonders heftig kochte die Gerüchteküche auch im Hinblick auf die Landkreise Hildesheim und Alfeld. Die Alfelder befürchteten, dass der alte Weber-Vorschlag, beide Kreise zusammenzuschließen, aufgenommen würde, die Hildesheimer befürchteten das Gegenteil. Und beide Seiten malten sich die Konsequenzen in den düstersten Farben aus. Der Referentenentwurf lag schließlich am 13. Januar 1975 vor. Innenminister Groß hatte sich ausdrücklich gewünscht: „Mut zur Sachlichkeit bei allen, die jetzt diskutieren werden, Argumente, keine Emotionen!" Daraus wurde nichts.

Laut Entwurf des achten Gesetzes zur Verwaltungs- und Gebietsreform sollten die bestehenden 48 Kreise auf 32, die Bezirksregierungen nach wie vor von acht auf vier reduziert werden. Hildesheim würde den Regierungssitz verlieren. Bestehende Kreise sollten, nicht zuletzt wegen der Schuldenübernahme, möglichst nicht zerschnitten werden, woran man sich allerdings später nicht hielt. Im Hinblick auf die Größe der Kreise galt eine Zahl von 150 000 Einwohnern als ideal. Kreise mit über 200 000 Einwohnern wurden – eigentlich – wegen Unüberschaubarkeit abgelehnt.

Für die Abgrenzungen der neuen Kreise und Gemeinden präsentierte der Entwurf in zwei Fällen jeweils einen Alternativvorschlag. Für den Raum Aurich-Wittmund-Wilhelmshaven und für das Gebiet Hildesheim-Alfeld-Holzminden. Im zweiten Fall erwog Plan A, den Kreis Alfeld um den größten Teil des Kreises Holzminden zu erweitern, mit Alfeld als Kreissitz. Der Kreis Hildesheim sollte lediglich um Baddeckenstedt vergrößert werden. Der Entwurf vermerkte allerdings, in diesem Fall sei im Landkreis Hildesheim das Kräfteverhältnis zwischen Stadt und Land nicht sehr günstig. Die eingekreiste Stadt erfordere eher einen größeren Kreis. Und so griff Plan B den Vorschlag der Weber-Kommission auf und sah vor, auch den größten Teil des Landkreises Alfeld mit dem Landkreis Hildesheim zusammenzuschließen. Holzminden würde dann dem Kreis Hameln zugeschlagen. Wörtlich hieß es in Art. II des §19: „Nach diesem Entwurf sollen die Landkreise Alfeld (Leine) und Hildesheim aufgelöst werden ... Es ist vorgesehen aus den Verwaltungseinheiten der beiden Landkreise, der Samtgemeinde Baddeckenstedt und dem gemeindefreien Gebiet Sillium (Landkreis Wolfenbüttel) einen neuen Landkreis Hildesheim zu bilden ... Als Sitz des neuen Landkreises wird die Stadt Hildesheim bestimmt." Es ergab sich so ein Großkreis mit ca. 315 000 Einwohnern.

Ernst Kipker und Hermann Schnipkoweit (Foto: Kreisarchiv / Pressestelle Landkreis Hildesheim)

An der Gesamtplanung des Entwurfs kritisierte der Landkreistag vor allem den Schematismus, der geographische, sozioökonomische und historische Verhältnisse zu wenig berücksichtige. Er erinnerte aber auch an die Kosten der Kreisreform (Verwaltungsbauten, Soziallasten, Umstellungskosten), die auch nur annähernd zu schätzen, der Entwurf für gänzlich unmöglich hielt. Der Landkreistag rechnete mit 650 Millionen Mark. Er bemängelte darüber hinaus schließlich, wie viele andere auch, die fehlenden Planungen für die immer wieder angekündigte Funktionalreform, obgleich sie doch den Maßstab für die Neuordnung liefern musste, indem sie die Aufgaben der Behörden beschrieb.

Der Hildesheimer Oberkreisdirektor Ernst Kipker lud noch am 13. zur Pressekonferenz, auf der er sich nicht nur für die große Lösung mit Alfeld aussprach, sondern auch für die Rückkehr des Raums Baddeckenstedt zu Hildesheim. Zudem sei es unvernünftig, dass Hohenhameln bei Peine bleiben solle, und über Seesen und Bad Gandersheim müsse noch verhandelt werden.

Der auf den Referentenentwurf folgende Regierungsentwurf, der dem Landtag zur Entscheidung vorgelegt werden würde, sollte erst nach mündlichen Anhörungen und schriftlichen Stellungnahmen der Kreise und Städte ausgearbeitet werden. Der Anhörungstermin für die betroffenen Gebiete im Regierungsbezirk Hildesheim fand am 19. Februar 1975 in der Aula der Kreisrealschule Himmelsthür statt. Anwesend waren Innenminister Groß, die vier Referenten, die den Entwurf ausgearbeitet hatten, die Vorsitzenden der drei Hildesheimer Landtagsfraktionen, die Mitglieder des Ausschusses für innere Verwaltung, Vertreter von zehn Landkreisen und sechs Städten nebst Vertretern der Bezirksregierung. Nach 15-Minuten-Stellungnahmen der Landkreisvertreter durfte diskutiert werden. Die Frankfurter Allgemeine Zeitung sagte Groß das Fegefeuer voraus, und behielt recht.

Der Hildesheimer Landrat Erich Franzke plädierte mit den bekannten Argumenten für den Großkreis Hildesheim, inklusive Alfeld, vielleicht mit Delligsen, dazu Hohenhameln aus dem Kreis Peine, Baddeckenstedt aus dem Kreis Wolfenbüttel, Seesen (man darf doch den Ambergau nicht auseinanderreißen!), Gandersheim und Kreiensen. Das entsprach der Meinung der SPD und FDP im Kreistag. Übrigens setzte man sich in Baddeckenstedt energisch dafür ein, bei Wolfenbüttel bleiben zu dürfen, jedenfalls wollte man auf keinen Fall zu Hildesheim, und auch in Seesen sahen die meisten sich eher beim Landkreis Osterode als bei Hildesheim.

Die CDU im Kreistag plädierte dagegen eher für eine maßvolle Vergrößerung des Landkreises, und führte als Argument, so ihr Vorsitzender Anton Teyssen in Himmelsthür, die bürgernahe Verwaltung ins Feld. Aus dem Landkreis Alfeld sollten lediglich Elze, Gronau, Sibbesse und Lamspringe zu Hildesheim kommen, dazu Baddeckenstedt und Hohenhameln, was einen überschaubaren Kreis mit 160 000 Einwohnern ergeben hätte. Um in diesem kleinen Kreis, die Kopflastigkeit zu vermeiden, schien die Wiederauskreisung Hildesheims angeraten. Stets aufs Neue forderte die Hildesheimer CDU die Aufhebung der Einkreisung, da Alfeld nun doch nicht zu Hildesheim kommen werde. Sie hatte die Einkreisung ohnehin nie befürwortet. Die hier in Himmelsthür zutage tretenden Differenzen zwischen CDU und SPD im Kreistag setzten sich im Stadtrat fort.

So unterschiedlich die Meinungen in Hildesheim waren, so eindeutig und einheitlich waren sie in Alfeld. Über Partei- und Gremiengrenzen hinweg, war man sich hier einig: weder der Zusammenschluss der beiden Landkreise noch der Gedanke, nur Teile Alfelds Hildesheim anzuschließen kamen in Frage. Die Alfelder, in Himmelsthür vertreten unter anderem durch den stellvertretenden Landrat Felix Speer, sprachen sich erwartungsgemäß für den Zusammenschluss ihres Kreises mit dem Landkreis Holzminden oder doch wenigstens seinem größten Teil aus. Es ergäbe sich ein in jeder Hinsicht überschaubarer aber starker Landkreis. Dummerweise trat Oberkreisdirektor Jeep aus Holzminden ausdrücklich für einen leicht vergrößerten, selbständigen Landkreis ein. Die Holzmindener wollten weder zu Alfeld noch zu Hameln.

Die klaren Fronten, die in Himmelsthür zutage traten, verhießen nichts Gutes. Es deutete sich nicht die geringste Kompromisslösung in Sachen Kreiszuschnitt an. Weder die Anhörungstermine noch die sich anschließenden Diskussionen brachten irgendwelche neuen Erkenntnisse.

Alfeld wehrt sich

Die widerspenstigen Alfelder waren entschlossen ihren Landkreis zu erhalten – und dabei zogen alle an einem Strang: Kreistag, Stadt und Parteien, von der CDU über die SPD, FDP bis zur UWG und auch der DGB war dabei. Unterstützung fand man bei Bürgern und allen voran engagierte sich der Landrat Wilhelm Hinsche, SPD, der seinen Landkreis vehement verteidigte. Von nun an nutzten Alfelds Kommunalpolitiker jede Gelegenheit, sich für den Erhalt ihres Kreises einzusetzen. Mit Entschiedenheit wiesen in einer Resolution für die Hildesheimer Politiker die Alfelder Kreisverwaltung und der Kreistag den „ungerechtfertigten Besitzanspruch" des Landkreises Hildesheim zurück.

Die Argumente waren bedenkenswert: Einen gesunden und wirtschaftlich starken Landkreis auszulöschen schien eine verfehlte Politik. Die Stadt Alfeld sei seit 1885 Kreissitz und erfülle nach wie vor alle Voraussetzungen dafür: sie liege verkehrsgünstig, habe eine vielfältige Industrie und Gewerbe. Der Abzug der Kreisverwaltung bedeute eine wirtschaftliche Schwächung und man bedenke die langen Wege, wenn Hildesheim der Kreissitz werde. In einem Großkreis Hildesheim mit 315 000 Einwohnern, so die Befürchtung, könnten die Alfelder Belange nicht mehr hinreichend berücksichtigt werden, Stadt und Raum würden in Bedeutungslosigkeit versinken. Hildesheim habe seine eigenen Problemen zwischen Hannover und Braunschweig, die Alfeld nicht mit verursacht habe, aber nun mit tragen solle. Insbesondere der Stadt Alfeld steckte noch der Abzug der Pädagogischen Hochschule nach Hildesheim 1970 in den Knochen. Wirtschaftlich war das durchaus spürbar gewesen und noch hatte die Landesregierung ihr Versprechen nicht eingelöst, einen Ersatz zu schaffen. Die Alfelder sahen zwar, dass Holzminden seinerseits das Alfelder Begehren ablehnte, meinten aber, man werde sich schon einig, sei doch, angesichts alter Rivalitäten zwischen Holzminden und Hameln, Alfeld für die Holzmindener das kleinere Übel. Man werde schon zusammenwachsen. Hinsche brachte auch noch eine andere Variante ins Spiel: eine ausgekreiste Stadt Hildesheim und ein nicht vergrößerter Landkreis könnten doch Gebiete an den Kreis Alfeld abtreten. Den pessimistischen unter Hildesheims Politikern schien das nicht ganz ausgeschlossen: wenn Hildesheim tatsächlich nicht vergrößert und die Stadt wieder ausgekreist würde, drohte ihrer Ansicht nach die Auflösung des Landkreises.

Chancenlos waren die Alfelder im Kampf um Sein oder Nichtsein nicht. Man sprach von der „Alfelder Lobby" in Hannover und es hieß, die SPD im Landtag neige auch eher zur Kombination Alfeld/Holzminden. Nun galt es, auch die Bevölkerung zu aktivieren. Bereits im Frühjahr 1973 hatte es eine Unterschriftenaktion der CDU und der Jungen Union in Alfeld zum Erhalt des Landkreises gegeben, mit eindrucksvollen Ergebnissen in Form von Tausenden Unterschriften. Jetzt waren die Bürger erneut gefragt. Am 30. Januar 1975 erschien in der Alfelder Zeitung ein „Aufruf an die Alfelder Bevölkerung" unterschrieben von Bürgermeister Köbler und Stadtdirektor Toetzke. Die überall ausliegenden Unterschriftenlisten sprachen sich für das Zusammengehen der Landkreise Alfeld und Holzminden mit Kreissitz in Alfeld aus.

In Hildesheim raufte sich der Kreistag zusammen, um eine gemeinsame Resolution zu formulieren. Am 26. Juni 1975 brachten die Abgeordneten erstmals seit zwölf Jahren eine einmütige Verabschiedung zustande, bei der es nicht einmal Stimmenthaltungen gegeben hatte. In harten stundenlangen Verhandlungen hatte eine Kommission unter Oberkreisdirektor Ernst Kipker einen Kompromiss ausgehandelt, auf den vor allem die Fraktionsvorsitzenden Hermann Schnipkoweit (CDU) und Reinhard Rössig (SPD) gedrängt hatten, um die Wirkung der Resolution in Hannover zu erhöhen. Neben der Wiederholung der üblichen Argumente (Kopflastigkeit, wirtschaftliche und soziale Stärkung) blieb die Erklärung aber recht allgemein, wenn es hier unter anderem hieß: „Unabhängig von der Frage der Ein- oder Auskreisung der Stadt Hildesheim muß der Landkreis erheblich vergrößert werden, damit er seine strukturpolitischen Aufgaben erfüllen kann und damit für die Bevölkerung dieses Raumes leistungsfähiger wird. Die Einheit des Hildesheimer Raumes, der als Wirtschaftsbereich die eigentliche ‚Region Hildesheim' darstellt, ist sonst gefährdet.."

Der Regierungsentwurf

Keine Seite wich auch nur einen Deut von ihrer Haltung ab. Hitzige Debatten bestimmten jede politische Versammlung, das Thema Kreisreform ließ sich nirgends vermeiden. Mit soviel Kritik und Kompromisslosigkeit hatte auf Regierungsseite wohl niemand gerechnet. Die Reform drohte sich zu verzögern. Noch hielt das Innenministerium zwar kategorisch am Zeitplan fest, aber der Regierungsentwurf, der dem Landtag eigentlich im Juni vorliegen sollte, wurde zunächst verschoben. Die SPD/FDP-Koalition regierte seit Kurzem, auf Grund einer Korrektur des Wahlergebnisses, mit nur einer Stimme Mehrheit, aber sie war entschlossen, die Kreisreform mit dieser Stimme über die Bühne zu bringen. Die SPD-Landtagsfraktion rechnete zwar mit der Zustimmung der CDU für Teilbereiche der Reform, aber mit der Ablehnung der Kreisreform als Ganzes. Mit dem Koalitionspartner FDP musste man sich also unbedingt einigen. Die inhaltlichen Unstimmigkeiten konnten nur in langen Gesprächen ausgeräumt und in Kompromisse umgewandelt werden, wobei selbst dann noch die Möglichkeit erhalten blieb, diese in Einzelpunkten im Lauf des Gesetzgebungsverfahrens noch zu verändern.

Am 5. August 1975 legten Ministerpräsident Kubel und Innenminister Groß den Regierungsentwurf im Landtag vor. Für die Alfelder erfüllten sich alle Träume, für die Hildesheimer alle Befürchtungen. Dem Landkreis Alfeld sollte Holzminden zugeschlagen werden, womit der Kabinettsentwurf sich an den Referentenentwurf anlehnte, aber von dessen Empfehlung, wie übrigens auch von den Wünschen des Innenministers aus der FDP, abwich. Der Landkreis Hildesheim sollte lediglich um Baddeckenstedt vergrößert, aber an der Einkreisung der Stadt nicht gerüttelt werden.

Die Befürchtungen, dass die Stimme des Alfelder Landrats Wilhelm Hinsche, der für die SPD im Landtag saß, das Gesetz verhindern könnte, waren damit vorerst gebannt. Aber er war keineswegs der einzige, der in Hannover für die Erhaltung seines Heimatkreises kämpfte. Schon im Juli hatte der SPD-Landtagsabgeordnete Reinhold Schultert/Bevern angekündigt, er werde dem Entwurf nicht zustimmen, da er für die Selbstständigkeit des Kreises Holzminden eintrete. Aus ähnlichen lokalen Eigeninteressen folgten ihm vier weitere Abgeordnete seiner Partei. Die SPD hoffte weiterhin auf Kompromisslösungen und setzte auf die Vernunft, die Solidarität oder auch die Druckempfindlichkeit ihrer Abgeordneten, die schließlich nicht nur ihre Heimatregion vertraten, sondern das ganze Land. Dennoch: der Erfolg der Kreisreform entwickelte sich offensichtlich zur Nagelprobe für die Koalition.

Der CDU-Alternativvorschlag

Sechs Tage vor der ersten Lesung des Regierungsentwurfs im Landtag am 3. September 1975 veröffentlichte die CDU ihren innerhalb der Fraktion durchaus umstrittenen Alternativvorschlag. Er berücksichtige, so Fraktionsführer Hasselmann, die strukturellen und geographischen Gegebenheiten und koste auch weniger. In neun Fällen deckte er sich völlig in weiteren neunzehn im wesentlichen mit dem Regierungsentwurf. Es sollten jedoch insgesamt 37 Landkreise entstehen. Der größte Teil des Landkreises Alfeld sollte mit dem Kreis Hildesheim zusammengelegt werden, mit Kreissitz in Hildesheim, dessen Wiederauskreisung vorgesehen war. Lediglich die Samtgemeinde Duingen und Delligsen sollten Holzminden angeschlossen werden. Die Reaktionen kamen wie erwartet: Die Regierungsparteien waren uneins. Der Chef der FDP im Landtag Hedergott fand den Vorschlag wenig überzeugend, sein SPD-Kollege Kreibohm sprach von interessanten Aspekten. In Baddeckenstedt und Hohenhameln, die bei Wolfenbüttel beziehungsweise Peine bleiben sollten, herrschte eitel Freude. In Hildesheim begrüßten SPD und FDP im Kreistag den Vorschlag, sprachen sich allerdings gegen die Auskreisung aus und forderten den ganzen Landkreis Alfeld. Im übrigen sei jetzt nicht die Zeit, sich wegen des Widerspruchs zwischen der CDU Land und der CDU Kreis die Hände zu reiben.

In Alfeld wurde dieser schockierende Alternativvorschlag einmütig und energisch zurückgewiesen und deutlich ein Verdacht geäußert, der die weiteren Debatten bis zum Schluss bestimmte: dieser Entwurf trage die Handschrift einiger starker Abgeordneter, die im Interesse ihres Wahlkreises Ansprüche durchgesetzt hätten. Verantwortlich für den „Todesstoß des Kreises Alfeld" sei der Fraktionsvorsitzende der CDU im Landtag, Bruno Brandes, auch schon mal als „großer Manitu" bezeichnet, der wohl seine Holzmindener Hausmacht abzusichern gedenke. Dass Duingen zu seinem Kreis kommen solle, sei nur so zu interpretieren, dass man Holzminden um jeden Preis erhalten wolle. Landrat Hinsche machte deutlich, dass Alfeld sich bisher noch sehr zurückgehalten habe. Sollte sich aber eine Entwicklung abzeichnen, die der Vereinigung von Alfeld und Holzminden zuwiderlaufe, dann würden der Landkreis, seine Parteien und Bürger mit Initiativen antworten, welche die der Holzmindener in den Schatten stellten. Eine Sonderlösung für deren Kreis schien untragbar, wenn, dann bitte gleiches Schicksal für alle. Hinsche schrieb an Ministerpräsident Kubel, er habe erfahren, dieser suche nach einer Lösung für Holzminden. Und was wird aus Alfeld? „Abschließend erlaube ich mir den Hinweis auf die von Ihnen am 23.8.1972 hier abgegebene Erklärung, daß im Landkreis Alfeld die Welt noch in Ordnung sei. Wir waren und sind Ihnen für diese damals abgegebene Erklärung dankbar und bitten Sie, keinen Kompromiß zu suchen, der diese unsere Welt in Unordnung bringt."

Es existierten nun vier Modelle für die Neugestaltung des Raums Hildesheim/Alfeld: Alfeld kommt zu Hildesheim, das eingekreist bleibt (von der SPD in der Stadt Hildesheim und im Land Niedersachsen bevorzugt); Teile des Landkreises Alfeld kommen zu Hildesheim, das wieder ausgekreist wird (CDU-Hildesheim); Hildesheim wird ausgekreist und es kommt fast ganz Alfeld zu Hildesheim (CDU im Landtag); Hildesheim bleibt eingekreist, aber Alfeld kommt nicht dazu (Regierungsvorschlag).

Nach wie vor hatte die Koalitionsregierung im Landtag keine Mehrheit für ihren Entwurf, die fünf Abweichler ließen sich nicht beirren. Dabei galt der Regierungsentwurf als ein erster Kompromiss, denn darin standen ausdrücklich 33 Vorbehalte, die bis zur Verabschiedung im Landtag noch zu klären waren, darunter auch Fragen des Hildesheimer Raums. Kubel mahnte, sich bei den Beratungen von lokalen Details frei zu machen, den Blick auf das ganze Land und seine Entwicklung zu richten. Während der Beratungen, in denen die Koalition um ein einheitliches, für alle SDP/FPD Abgeordneten tragbares Konzept rang, nahmen die Spekulationen kein Ende. Die FDP-Fraktion stand zur Lösung Hildesheim-Alfeld und der sich abzeichnende Koalitionskompromiss schien darauf zuzulaufen.

In dieser Situation veröffentlichte im November Prof. Frido Wagener von der Hochschule für Verwaltungswissenschaft in Speyer sein Gutachten, das er seit August im Auftrag des Landkreises Hildesheim erstellt hatte, der den Diskussionen oder den eigenen Ansprüchen eine wissenschaftliche Basis geben wollte. Nach Wagener bedeutete der Zusammenschluss von Alfeld und Holzminden für Hildesheim eine „Kopflastigkeits-Lösung", die gegen das Gemeinwohlverbot verstieße und verfassungswidrig sei. Dagegen stelle der Zusammenschluss von Hildesheim und Alfeld fast eine Ideallösung dar. Die Zuständigkeitsbereiche von Sonderbehörden und öffentlichen Institutionen der Kreis- und Regionalebene erstreckten sich häufiger auf das Gebiet Hildesheim-Alfeld als auf das Gebiet Alfeld-Holzminden. Der Versorgungsbereich des Mittelzentrums Hildesheim reiche über das Gebiet des jetzigen Landkreises hinaus, insbesondere in den Landkreis Alfeld. Beide Kreise bildeten nach dem Landesentwicklungsprogramm Niedersachsens von 1985 einen (vorläufig abgegrenzten) Entwicklungsraum. Die Pendlerströme aus Alfeld gingen nach Hildesheim und Bad Salzdetfurth; der Personen- und Güterverkehr zwischen Hildesheim und Alfeld sei erheblich intensiver als zwischen Alfeld und Holzminden. Und schließlich: ein Kreis mit 300 000 Einwohnern sei sowohl Partner als auch Gegengewicht zu den Großräumen Hannover und Braunschweig mit je einer Million Einwohnern.

Wagener stellte sein Gutachten bei einer Kreistagssitzung vor und löste Diskussionen aus. Der CDU Fraktionsvorsitzende Schnipkoweit kritisierte die hohe Geldausgabe des Landkreises. Es sei doch offensichtlich, dass die bisherige Gesetzesvorlage nicht vernünftig sei.

Die SPD dagegen rechnete damit, dass dieses Gutachten bei der endgültigen Entscheidung eine maßgebliche Rolle spielen werde, so ihr Fraktionsvorsitzender Reinhard

Rössig. SPD und FDP im Kreis sähen sich in ihren Vorstellungen bestätigt, die auch von der CDU im Landtag geteilt werde.

Professor Wagener verwies darauf, dass seine Untersuchung auch verfassungsrechtliche Auswirkungen habe. Sie hindere den Gesetzgeber daran, sich bei einem eventuell späteren Verfahren vor dem Staatsgerichtshof darauf zu berufen, die Alternativlösung sei nicht offensichtlich besser gewesen. Er warnte den Kreistag aber auch, darauf zu hoffen, dass man Entscheidungen des Landtags durch das Verfassungsgericht revidieren lassen könne. Entscheidend sei es, im politischen Bereich Lösungen zu finden!

Landrat und Landtagsabgeordneter Franzke sah Hildesheimer Interessen bei der bevorstehenden Kreisreform gewahrt. Der Kreis werde vergrößert, wenn man Anfang nächsten Jahres in Hannover „den Knoten durchhaue". Man konnte sich also auf den Kampf um den Regierungssitz konzentrieren. Auch in Alfeld war man noch vorsichtig optimistisch. In seinem Gast-Kommentar im Gronauer SPD-Blatt äußerte Wilhelm Hinsche sich kurz vor Weihnachten 1975 zu der „emotionell hochgeputschten Frage": Es sei „....beruhigend zu wissen, daß die Landesregierung diesen Landkreis Alfeld bestehen lassen will... Anders dagegen sieht es die CDU in Hannover. In ihrem Entwurf vom 27.8.75 wird die düsterste Möglichkeit für den Landkreis Alfeld aufgezeigt." Hinsche meinte, dahinter eine parteipolitische Taktik zu erkennen: die Schwächung der SPD im Land, galt doch Alfeld als SPD-Hochburg. „.... es ist nicht auszudenken, was geschehen würde, wenn dieser Gesetzesentwurf nicht angenommen wird."

Regierungswechsel

Ministerpräsident Kubel hatte schon bei der Wahl 1974 seinen Rücktritt aus Altersgründen zur Halbzeit der Legislaturperiode angekündigt. Unmittelbar vor Verabschiedung des Reformgesetzes zur Kreis- und Bezirksreform sollte am 14. Januar sein Nachfolger, Finanzminister Helmut Kasimier, gewählt werden, der zunächst bis zu den regulären Neuwahlen 1978 regieren würde. An Ministermannschaft und Regierungsprogramm sollte es keine Änderungen geben.

Nach der Verfassung wird der niedersächsische Ministerpräsident von der Mehrheit der Abgeordneten in geheimer Abstimmung gewählt. Die knappen Mehrheitsverhältnisse im Landtag machten die Sache spannend: Kasimier brauchte alle 67 SPD-Stimmen und dazu die 11 der FDP gegen 77 Stimmen der CDU. Diese erhöhte die Spannung, indem sie ihren neuen Spitzenkandidaten nicht erst bei der nächsten Landtagswahl 1978, sondern schon jetzt als Alternative präsentierte: den wirtschaftspolitischen Sprecher der CDU Dr. Ernst Albrecht.

So kam es, statt des erhofften glatten Übergangs von Kubel zu Kasimier, in Hannover Anfang 1976 zu einem landespolitischen Eklat. Albrecht entschied die ersten beiden Wahlgänge für sich, zur notwendigen absoluten Mehrheit fehlte ihm eine Stimme. Im dritten Wahlgang am 6. Februar, Kasimier hatte mittlerweile zugunsten von Karl Ravens auf die Kandidatur verzichtet, wählten drei „Dunkelmänner" der Regierungskoalition den Kandidaten der CDU, Albrecht.

So stürzte an diesem 6. Februar 1976 die niedersächsische Regierung. Sie war nicht zuletzt an der Kreisreform gescheitert, die sich zum Zankapfel Nummer eins entwickelt hatte. Noch zwischen den Wahlgängen war versucht worden sie abzuändern, Abstriche zu machen, sie notfalls gar auf Eis zu legen, um die Wahl des SPD-Kandidaten nicht zu gefährden. Zu guter Letzt trug man so noch dazu bei, das eigene Reformkonzept nun völlig zu demontieren.

Ernst Albrecht bildete ein Minderheitskabinett, denn an den Sitzverhältnissen im Landtag hatte sich nichts verändert. Wer geglaubt oder gehofft hatte, nun würde in Sachen Kreisreform alles besser, die neue Regierung würde einen völlig aus dem Ruder gelaufenen Plan revidieren oder die Reform gar bis zur Findung besserer Ideen in der Schublade verschwinden lassen, sah sich schnell tief enttäuscht. Albrecht war entschlossen, das heiße Eisen Gebietsreform, über das seit mehr als einem Jahrzehnt diskutiert wurde, noch 1976 vom Tisch zu bekommen, um einen Torso zu vervollständigen und den mittlerweile unerträglichen Schwebezustand zu beenden. Die Kreisreformvorlage der SPD/FDP blieb dabei die Grundlage, wenngleich nun die Chance bestand, sie so umzugestalten, dass sie von der Mehrheit der Bevölkerung und der Parlamentarier getragen würde.

Mehrheitsuche

Doch die Minderheitsregierung hatte keine Chance, die Reform allein zu verwirklichen. Langfristig würde Albrecht auf einen Koalitionspartner angewiesen sein, doch noch stand die FDP zu ihrem Bündnis mit der SPD. Albrechts erster Innenminister Wilfried Hasselmann (bis Mai 1976) kündigte Gespräche mit allen drei Fraktionen an, um Mehrheiten auszuloten und zu sehen, ob wenigstens eine teilweise Verwirklichung der Reform noch möglich war. Immerhin traten auch SPD und FDP für einen schnellen Abschluss ein. Mindestens die Bezirkreform sollte zum 1. Juli 1976 kommen und vielleicht ein Teil der Kreisreform.

Alles sprach von Anfang an für ein Bündnis der CDU mit der FDP, war man doch in landespolitischen Fragen nicht weit auseinander. Nach den Bundestagswahlen im Oktober fanden im November und Dezember 1976 die Koalitionsverhandlungen zwischen beiden Parteien statt. Einer der größten Knackpunkte dabei war die Verwaltungs- und Gebietsreform. Die dramatischen Koalitionsverhandlungen wurden genauestens von der Presse und den Betroffenen beobachtet und begleitet von vorsorglichen Protesten, Warnungen und Resolutionen. Alfelds CDU-Kreisvorstand und die Kreistagsfraktion schrieben an den Ministerpräsidenten: „Wir weisen entschieden darauf hin, daß es auch hier in Alfeld genau wie im Nachbarkreis Holzminden ein ‚Kreisgefühl' gibt, über das man sich nicht hinwegsetzen sollte." Die großzügigen Kreiszuschnittsideen der FDP, die 32 Kreise bilden wollte, kamen vor Ort nicht gut an. Die CDU trat für eine kleine Reform, mit im Ergebnis 40 Kreisen, ein. Jedem war klar, dass in diesen Verhandlungen die Weichen gestellt wurden, wenn auch die parlamentarische Entscheidung maßgeblich war.

Am 5. Dezember 1976 lagen die Koalitionsvereinbarungen vor, der Beschluss über die Kreisreform konzipiert als Änderungsantrag zur Gesetzesvorlage von SPD/FDP. Die FDP hatte Zugeständnisse machen müssen, mit dem Ergebnis, dass sich nur eine hauchdünne Mehrheit auf dem Sonderparteitag am 11. Dezember 1976 für die Koalition mit der CDU aussprach. Auch diese hatte erhebliche Schwierigkeiten, das Verhandlungsergebnis an der Parteibasis wie in der Landtagsfraktion durchzusetzen.

Das Ergebnis der von manchem so genannten „Koalitionskungelei" platzte in die Vorweihnachtszeit, war letztlich aber wohl keine Überraschung mehr. Der ausgehandelte Kompromiss sah vor, die Zahl der Kreise von 48 auf 37 zu reduzieren. Die Richtzahl für die neu zu schaffenden Kreise wurde von 150 000 auf 90 000 Einwohner herabgesetzt. Auch kleine Kreise sollten bestehen bleiben, mittelzentrale Bereiche nicht ohne Grund zerschnitten werden. Alfeld hätte demnach erhalten werden können. Aber Hildesheim und Alfeld sollten vereint werden, Hildesheim eingekreist bleiben. Es war die Erhaltung des Kreises Holzminden vorgesehen, erweitert um die Samtgemeinde Duingen; Hohenhameln würde beim Kreis Peine bleiben. Im Hinblick auf den Sitz der Bezirksregierung wollte vor allem die CDU noch einmal über Hildesheim nachdenken, wenn es aber zu teuer werden sollte, komme die Regierung nach Hannover. Die Verabschiedung des Gesetzes war für Juni 1977 vorgesehen, für den Herbst des Jahres die Kreistagswahl.

Zum Auftakt der Schlussberatungen hatte die nun oppositionelle SPD einen letzten Versuch gemacht, die CDU für eine gemeinsame Lösung zu gewinnen. Sie warf der Regierungspartei nun ihrerseits unnötige Eile vor: diese wolle das Gesetz aus wahltaktischen Gründen schnell durchsetzen, damit es bis zur Landtagswahl 1978 vergessen sei. Ihre eigenen Vorstellungen zur Kreisreform hatte sie kräftig revidiert, wollte nur noch vier Kreise neu gliedern und legte den Schwerpunkt stattdessen auf die Verwaltungsreform. Das Koalitionspapier traf dementsprechend auf den Widerstand der SPD-Opposition. Sie verlangte gar die Zurückziehung des von ihr und der FDP eingebrachten Neugliederungsgesetzes, das durch die Koalitionsabmachungen völlig verändert worden sei. Die Absprachen waren nach SPD-Meinung widersprüchlich, die Vorausset-

zungen passten nicht mehr zu den Konsequenzen. Zudem verstoße die Kreisneugliederung gegen den Grundsatz der Gleichbehandlung. Das einzige Kriterium sei die Einwohnerzahl von 90 000, es sei aber nicht begründet und nicht einsehbar warum kleinere und größere Kreise aufgelöst werden sollten. Aber auch die SPD forderte den Abschluss der Reform, um die Verunsicherung in den Kommunen zu beenden.

Der allgemeine Eindruck war, dass eine große Zahl von Entscheidungen auf Grund sehr subjektiver Erwägungen getroffen worden waren. Nicht mehr nachvollziehbare Begründungen ließen die Gegner an Mauschelei und Kirchtumspolitik glauben. „Auf dem Altar der Koalition geopfert" titelte die Alfelder Zeitung am Nikolaustag 1976 mit Blick auf die Zerschlagung des Landkreises. Hier habe nicht der gesunde Menschenverstand, sondern der Kuhhandel Pate gestanden.

Widerstand

Es herrschte Unruhe im ganzen Land Niedersachsen von Ostfriesland bis Göttingen. „Kreisreform" war zu einem Reizwort geworden, das die Emotionen hochkochen ließ. Die Loyalitätskonflikte mancher Politiker führten zu Amtsniederlegungen und Parteiaustritten. In seiner Regierungserklärung am 19. Januar 1977 aber verteidigte Albrecht, von Protestlern auf der Tribüne unterbrochen, die begonnene Verwaltungs- und Gebietsreform und ließ keinen Zweifel daran, dass das Gesetz bis zum Sommer verabschiedet würde. Das schien nun auch kein Problem mehr, denn das Minderheitskabinett hatte sich mit Hilfe des Koalitionspartners in eine satte Mehrheitsregierung verwandelt. Selbst Abgeordnete, die bei der Abstimmung zu einzelnen Punkten aus Rücksicht auf ihre Heimatkreise mit nein stimmen sollten, konnten der Sache im Ganzen kaum noch gefährlich werden. Änderungen im Konzept hielt Albrecht noch für möglich, aber nicht in Sachen der Landkreise Hildesheim und Alfeld. Innenminister Gustav Bosselmann (seit Mai 1976) trat zugunsten eines anderen zurück: der Innenminister hieß nun wiederum Rötger Groß.

Die Alfelder fühlten sich verschaukelt. Parteien, Verbände und beide Kirchen protestierten noch vor Jahresende. Als Opfer der Neuordnungspläne sahen sich nicht nur Funktionäre, Kreistagsabgeordnete, Landräte, Oberkreisdirektoren und das Personal der Kreisverwaltungen, sondern auch Geschäftsleute, Hoteliers, Handwerker, Kammern, Vereine und ganz normale Bürger. Das verschaffte dem Widerstand eine breite Basis.

Ähnliche Proteste gab es vielerorts, aber nicht in Hildesheim, das in Sachen Kreisreform ja auch nicht zu den Geschädigten gehörte und andere Sorgen hatte. Und so machte man sich hier in den kommenden Monaten stark für den Erhalt des Regierungssitzes. Was aber den Hildesheimern die Bezirksregierung, war den Alfeldern der Kreissitz. Landrat Hinsche kündigte an: „Wir werden mit allen legalen Mitteln um die Existenz des Landkreises Alfeld kämpfen und notfalls auch vor einer Ministerklage vor dem Staatsgerichtshof in Bückeburg oder vor dem Gang zum Bundesverfassungsgericht nicht zurückschrecken."

Zunächst aber gründeten die Alfelder eine Bürgerinitiative zur Erhaltung ihres Landkreises. Sie ging aus einer Protestversammlung hervor, die Alfelds Bürgermeister Köbler innerhalb von 48 Stunden auf die Beine gestellt hatte und bei der sich in der Aula der Kreisberufsschule 600 Bürger versammelten. Am 14. Januar hatte sie im Sitzungssaal des Alfelder Kreishauses ihre erste Zusammenkunft, eingeleitet vom ehemaligen Oberkreisdirektor Herbert Lüdicke, gerade in den Ruhestand verabschiedet und nun Leiter des „Aktionsausschusses" der Bürgerinitiative. Getragen wurde diese von allen maßgeblichen Organisationen, den Parteien, dem DGB, dem Industrie-Verein, dem Einzelhandelsverband, der Kreishandwerkerschaft, dem Landvolk, dem Gewerbeverein, dem Gaststättenverband, den Freien Wohlfahrtsverbänden, dem Haus- und Grundbesitzerverein, der Kreissparkasse, den Kirchen, den Zeitungen des Kreisgebietes, der Samtgemeinde Duingen, und als Einzelpersonen von Anneliese Peck, Wilfried Ammann und Karl-Heinz Vach. Die Bürgerinitiative richtete ein Spendenkonto ein, stellte Spendendosen auf und bekam eine eigene, tägliche Rubrik in der Alfelder Zeitung. Hier wurde die Öffentlichkeit über die Aktivitäten der Initiative, die Auswirkungen der Reform wie über die neuesten Machenschaften der Politiker informiert und zwar unter einem, dem dreieckigen Warnschilde nachempfundenen Logo, auf dem ein kleines durchgestriches „HI" und darunter ein fettes „ALF" zu lesen waren. Bald kam ein weiteres rechteckiges Emblem dazu: „Hi – nie"! Die Bürgerinitiative nahm Kontakt zur „Aktionsgemeinschaft gegen die Kreisreform" in Norden auf. Gegründet im Dezember 1976, gehörten ihr 13 Landkreise an, aus dem Süden noch der Landkreis Gandersheim, der aufgelöst werden sollte.

Schon bei der ersten Versammlung hatte Lüdicke deutlich gemacht, die Aufgabe der Bürgerinitiative bestehe weniger in Sachvorträgen – es waren nun auch wirklich alle Argumente ausgetauscht –, sondern darin, intensiv und nachdrücklich Forderungen zu erheben. Er denke notfalls an die Ausrufung des passiven Widerstands. Es war die einhellige Meinung, dass nur noch mit spektakulären Aktionen etwas zu bewirken war. Zudem blieb nicht mehr allzu viel Zeit etwas zu verändern, denn die dritte Lesung des Gesetzes im Landtag war für den Juni geplant.

Vorerst blieb es bei Briefaufklebern „Hände weg vom Landkreis Alfeld" und Autoaufklebern mit dem springenden Hirsch, dem Wappen Alfelds, und den Worten „Die Kreisreform hat keinen Zweck, von unserem Kreis die Hände

HI ō NIE

BÜRGERINITIATIVE
zur Erhaltung des Landkreises Alfeld

Der Aktionsausschuß

weg!", bei Protestnoten und einer Unterschriftenaktion. Aus den Vorschlägen, die B3 im Rahmen einer Sternfahrt zur Einbahnstraße werden zu lassen oder alle Litfasssäulen rund um den Landtag zu bekleben, wurde nichts.

Aber die Bürgerinitiative stellte auch ein Alternativkonzept vor: den Leinetalkreis. Die Idee war nicht neu; solange über die Kreisreform gesprochen wurde, stand auch dieser Gedanke im Raum. Eine Zeit lang schien der Vorschlag erledigt zu sein, nun trat er verstärkt wieder zutage. Der Plan zielte auf einen zum Großkreis abgerundeten Landkreis Leinetal, der aus dem Kreis Alfeld, ergänzt um die Gemeinden Kreiensen und Gandersheim, die räumlich gut zu Alfeld passten, bestehen sollte. Der Kreissitz würde in Alfeld liegen, das quasi das natürliche Zentrum eines auch historisch zusammenhängenden Gebietes bildete. Der Leinetalkreis präsentierte sich gut an den überregionalen Verkehr angebunden, durch die Bahn und die

B3; er erstreckte sich quasi entlang der Nord-Süd-Verkehrsachse. Wie es der SPD-Vorstand Gronau in einer Erklärung ausdrückte: „Die geopolitischen Lebenslinien des Alfelder Gebietes laufen von Nord nach Süd und nicht von Ost nach West." Den Vorschlag des Leinetalkreises vertraten auch Parteien und andere Institutionen in diversen Schreiben.

In Alfeld setzte sich ein Verdacht fest und wurde mehrfach geäußert: dass der Landkreis Hildesheim das Geld des gesunden Landkreises Alfeld brauche, um sich zu sanieren. Der Vorwurf, sich stützend auf Insider-Aussagen aus Hildesheim, wurde so oft wiederholt, dass der Hildesheimer Oberkreisdirektor Kipker sich schließlich veranlasst sah, dem öffentlich zu widersprechen. In einer Erklärung, unter anderem als Leserbrief in der Alfelder Zeitung veröffentlicht, stellte Kipker klar, dass die Finanzen des Landkreises geordnet, der Haushalt ausgeglichen sei. Doch das Dementi kam spät und überzeugte in Alfeld wohl niemanden.

Die Bürgerinitiative hatte sich vorgenommen, bei jedem Politikerbesuch in der Stadt ihren Unwillen deutlich zum Ausdruck zu bringen. Als erster bekam dies der niedersächsische Sozialminister Hermann Schnipkoweit zu spüren, der als Anhänger eines Hildesheimer Großkreises galt und am 2. Februar in Alfeld eigentlich soziale Einrichtungen besuchen wollte. Rund 1300 Demonstranten empfingen ihn vor dem DGB-Haus mit Pfeifkonzert, Buhrufen und Sprechchören: „Schnippi, Schnippi, Schnipkoweit, wir fordern nur Gerechtigkeit, wir wollen nicht nach Hildesheim, Alfeld soll der Kreissitz sein" oder „Wer uns will den Landkreis klau'n, dem wir auf die Pfoten hau'n".

Noch im selben Monat traf es den CDU-Kultusminister Werner Remmers, den vor dem Hallenbad 3000 Demonstranten lautstark mit Sprechchören begrüßten: „Unsere Stimmung ist nicht gut – Remmers sei nur auf der Hut" und „Werner, Werner, du wirst sehn, Alfeld bleibt, und ihr müßt gehn". Der Alfelder Fanfarenzug hielt bei dieser Gelegenheit seinen Übungsabend auf dem Platz ab. Remmers erhielt Protestnoten überreicht und war nach allgemeiner Meinung tatsächlich beeindruckt. Zumindest gab er zu, dass die Reform nicht der Weisheit letzter Schluss war.

Der Höhepunkt aber sollte eine Großdemonstration auf dem Schützenplatz in Hannover am Sonnabend, den 3. März werden, organisiert von den Landkreisen und ihrer Aktionsgemeinschaft. Diese schickte zuvor eine Aufforderung an die Landespolitiker, auf der geplanten Demonstration zu sprechen und fügte hinzu: Wenn die Demo „bei Ihnen nicht die gewünschte Aufmerksamkeit findet, können wir nicht gewährleisten, daß es bei weiteren Demonstrationen vor dem Landtagsgebäude zu keinen Ausschreitungen kommt". Die Politiker fühlten sich düpiert; der Landtagspräsident sah sich veranlasst, die Aktionsgemeinschaft schriftlich zu verwarnen, das Parlament oder einzelne Abgeordnete unter Druck zu setzen. Solche Drohungen ließen sich leicht als

„Schnip, Schnip, Schnipkoweit, wir wollen nur Gerechtigkeit"

Zum Ministerbesuch Protestaktion in Alfeld gegen Kreisreform / 1300 Teilnehmer

Massenkundgebung in Alfeld: Rund 1300 Einwohner protestierten gegen die Kreisreform

Alfeld. „Schnip, Schnip, Schnipkoweit, wir wollen nur Gerechtigkeit!" oder „Wer uns will den Landkreis klau'n, dem wir auf die Pfoten hau'n". Mit derartigen Sprechchören ließen gestern rund 1300 Alfelder Sozialminister Schnipkoweit gegenüber ihrem Unmut über die Kreisreform freien Lauf.

Die Bürgerinitiative zur Erhaltung des Landkreises Alfeld war Initiator dieser Demonstration. Und es soll nicht die letzte Massenkundgebung gegen die Gebietsreformpläne der CDU/FDP-Koalition in der Leinestadt gewesen sein.

Ihr Vorsitzender, Oberkreisdirektor a. D. Herbert Lüdicke, rief die 1300 vor dem Gebäude der Kreisverwaltung auf, auch beim Besuch von Kultusminister Remmers die Stimme zu erheben.

Hermann Schnipkoweit, der gestern den Landkreis besuchte, um sich Sozialeinrichtungen anzusehen, wurde nach einem Begrüßungsgespräch mit Kreisdirektor Hans Nettbohm von der wartenden Menge mit Buhrufen und Pfeifkonzerten empfangen. (Siehe auch „Politik.)

Nur unter großen Anstrengungen konnte der Minister zu einer ihm von der Bürgerinitiative übergebenen Protestresolution Stellung nehmen. „Ich verspreche Ihnen", versuchte Schnipkoweit sich Gehör zu verschaffen, doch die Antwort war lautes Gelächter, Schmährufe und Pfiffe, die erst verstummten, als der Minister der Masse

zurief, daß sie ihn so nicht beeindrucken könne.

Schnipkoweit bekundete sein Verständnis für die Interessen der Einwohner des Landkreises Alfeld. „Ich kenne ihre Probleme und Beweggründe," un-

Protestresolution für den Minister: Hermann Schnipkoweit erhielt ein Schreiben der Bürgerinitiative. Rechts im Bild Anneliese Peck.
Aufn. (2): Kerl

terstrich er und wies darauf hin, daß das letzte Wort in Sachen Kreis- und Gebietsreform längst noch nicht gesprochen ist.

„Der Landtag hat mit den Beratungen doch noch nicht einmal begonnen," sagte er. „Wir werden die Interessen eines jeden Gebietes bei den Beratungen prüfen."

Jeder Plan, den Kreis Alfeld sterben zu lassen, stoße bei den Einwohnern auf völliges Unverständnis, erwiderte Oberkreisdirektor a. D. Herbert Lüdicke. „Eine Reform, die den Bürgern keine Erleichterung und keine Vorteile bringt, ist keine Reform."

Der Vorsitzende der Bürgerinitiative stellte den Kreis Alfeld unter starkem Beifall als „in jeder Beziehung strukturell und finanziell gesundes Gebiet" hin. „Was hier geleistet worden ist, ist in vielen Dingen beispielhaft".

Anneliese Peck, Mitglied des Alfelder Stadtrates und Mitinitiatorin der Bürgerinitiative, ließ ihre Ausführungen in der Behauptung gipfeln, daß eine Reform den Alfeldern nie wieder zu reparierenden Schaden bringen werde. „Alfeld wird dann das letzte Dorf im Kreis Hildesheim sein".

Auch der Industrieverein nutzte den Schnipkoweit-Besuch zur Übergabe eines Protestschreibens. Vorsitzender Heinz Nagel beklagt darin, daß weder Ministerpräsident Dr. Ernst Albrecht noch Minister Hasselmann zu einem persönlichen Gespräch mit Vertretern des Industrievereins bereit seien.

Die Alfelder könnten mit der Reform auch Behörden wie das Finanzamt, Gesundheitsamt oder das Amtsgericht verabschieden. hek

Zeitungsartikel zum Ministerbesuch in Alfeld (Foto: Kreisarchiv / Pressestelle Landkreis Hildesheim)

Parlamentsnötigung verstehen, was eine Freiheitsstrafe bis zu zehn Jahren nach sich ziehen könne.

In einer Sternfahrt brachten acht Sonderzüge und viele Busse 25 000 Menschen nach Hannover – die bis dahin größte und friedlichste Demonstration in Niedersachsen. Die Alfelder Bürgerinitiative erwartete 4000 Teilnehmer, 2500 kamen, darunter der DRK-Fanfarenzug. Die Junghandwerkerschaft trug schwarze Anzüge und Zylinder und führte auf einer Lafette einen großen Sarg mit sich, der die Aufschrift trug „Hier ruht der Bürgerwille". Vorsichtshalber war zuvor in einer Anweisung für die Demonstranten in Alfeld darauf hingewiesen worden, dass Molotow-Cocktails und ähnliche harte Sachen nicht mitgeführt werden durften. Und auch keine „Flachmänner".

Albrecht und Groß waren der Einladung, zu den Demonstranten zu sprechen, nicht gefolgt. So hörten sie nicht, dass der CDU hier ihre alten eigenen Argumente vorgehalten wurden, aus der Zeit als sie noch nicht in Regierungsverantwortung stand. Es wurde aus dem Lauterberger Programm der CDU zitiert: „Wider besseres Wissen hat die SPD-Landesregierung die Neugliederung des Landes Niedersachsen ohne Gesamtkonzept für eine Gemeinde-, Kreis- und Gebietsreform eingeleitet. Starrer Schematismus bei den gebietlichen Zuschnitten, parteipolitisch motivierte Abgrenzungen, eine weitgehende Mißachtung der Wünsche der Bevölkerung und das Versanden der Kreisrefom führen dazu, daß die neuen Einheiten unorganisch, weniger bürgernah und teurer als notwendig werden." Karl Ravens, Spitzenkandidat für die Landtagswahl 1978, stellte sich den Demonstranten: die SPD sehe ein, einen Fehler gemacht zu haben, habe aber nun Lehren daraus gezogen. Landtagsvizepräsident Jürgens, FDP, kam gegen die Sprechchöre gar nicht zur Wort: „Albrecht, fahr nach Polen, wir werden dich nicht wiederholen". Auf Plakaten war zu lesen: „Die Kreisreform bringt 1978 Schaden, die CDU geht in Niedersachsen baden" und, wohl die stärkste Drohung: „800 000 Niedersachsen wählen nie mehr CDU". Angelehnt an die damals aktuellen Häschen-Witze hieß es: „Kenn du Albrecht? – kann du vergessen!" Und die Soltauer Bürgerinitiative nahm eine Anleihe bei einem alten Spruch: „Ach, Ernst August, steig hernieder und regiere du uns wieder – laß in diesen bösen Zeiten lieber Dr. Albrecht reiten."

Die Alfelder hatten mit ihrem Aufgebot in Hannover beträchtliches Aufsehen erregt. Spektakuläre Aktionen waren danach erst mal nicht geplant. Doch nur fünf

Zeitungsartikel Demonstration für den Landkreis (Foto: Kreisarchiv / Pressestelle Landkreis Hildesheim)

Gestern abend demonstrierten schon 3000 für den Landkreis
Kultusminister Dr. Werner Remmers von den Argumenten und Aktionen der Bürgerinitiative beeindruckt

Rund 3000 Bürger aus Stadt und Kreis Alfeld folgten gestern abend einem Aufruf der Bürgerinitiative zur Erhaltung des Landkreises und demonstrierten anläßlich des Besuchs des niedersächsischen Kultusministers Dr. Werner Remmers vor dem Hallenbad. Obwohl auch diesmal die Demonstranten ihren Unwillen und ihre Empörung über die geplante Kreisreform lautstark und mit deutlichen Worten klarmachten, verlief die Aktion sehr diszipliniert. Sie verfehlte offensichtlich ihren Eindruck auf den Kultusminister nicht, der später in einer CDU-Versammlung versicherte, daß er alle Argumente dem Kabinett unterbreiten wolle und besonders angesichts der schwerwiegenden Abtrennung Düingens eine Überprüfung des Reformplans in bezug auf Alfeld für erforderlich halte.

Auf dem Dach des Hallenbads montierte Scheinwerfer beleuchteten den für die Demonstration geräumten Parkplatz, wo die Demonstranten auch diesmal mit vielen Schriftbändern aufmarschiert waren. Für an-

Schriftbänder und Sprechchöre bekräftigten auch gestern den einhelligen Willen der Bevölkerung, sich den Kreis Alfeld nicht wegnehmen zu lassen

Kultusminister Dr. Werner Remmers und der Geschäftsführer der Bürgerinitiative, Leonhard Kolle, auf der Treppe zur Milchbar

feuernde Musik sorgte der DRK-Fanfarenzug, auch Fackeln erleuchteten die Szene. Die Wartezeit nutzte der Geschäftsführer der Bürgerinitiative, Leonhard Kolle, dazu, die Demonstranten durch neue Meldungen über die ge-

Minister Remmers wurde durch eine Absperrung auf die Treppe zur Milchbar geleitet und mit kräftigen „Hi – Nie"-Rufen empfangen. Leonhard Kolle dankte ihm dafür, daß er zuvor im Hotel Deutsches Haus dem Aktionsausschuß Gelegenheit gegeben hatte, die Sorgen und Nöte der Bevölkerung des Kreises Alfeld vorzutragen. Bei dieser Gelegenheit hatte der DGB-Kreisvorsitzende Werner Greve dem Minister eine Stellungnahme seiner Organisation vorgelegt, die den Protest von 12 000 Arbeitnehmern wie folgt zusammenfaßt:

„Durch zahlreiche Anrufe und Anfragen aus den Betrieben und Verwaltungen des DGB Kreises Alfeld sah sich der DGB-Kreisvorstand verpflichtet, in einer Sitzung zum Problem „Kreisreform" Stellung zu nehmen.

Nach negativen Erfahrungen aus der Gemeindereform die zahlreiche ehrenamtlich Tätige zur Seite gedrängt hat und darüber hinaus die Bereiche oftmals unübersichtlich und

persönlichen Vorstellungen der beteiligten Politiker Rechnung. Wir haben bei unserer Beratung keinen Anhaltspunkt dafür gefunden, der für eine Vernichtung dieses gesunden, finanzstarken und vor allem bürgernahen Landkreises spricht. Wir sind im Gegenteil zu der Auffassung gelangt, daß jeder objektiv denkende Mensch einsehen und dafür kämpfen muß, daß dieser organisch ge-

wachsene, wirtschaftlich starke und auf den Bürger zugeschnittene Landkreis Alfeld erhalten und ausgebaut werden muß.

Da der DGB Kreis Alfeld schon jetzt den Bereich des Flecken Delligsen umfaßt, fordert er die Zuordnung dieser Gemeinde zum Landkreis Alfeld.

(Fortsetzung nächste Seite)

Tage nach der Großdemonstration besuchte am 8. März 1977 Rötger Groß Alfeld, eigentlich zu einer internen Tagung der FDP. Das konnte sich die Bürgerinitiative nicht entgehen lassen. Eine Stunde lang riefen die Demonstranten auf dem Alfelder Marktplatz „Groß raus" oder auch „Pfui – Groß muss weg, Nieder mit der FDP". Auf dem Podium stand der schwarze Sarg. Als Groß sich schließlich entschloss, sich doch zu stellen, wurde er mit Pfui-Rufen enpfangen und aus dem Lautsprecher schallte es ihm entgegen: „Rötger Groß ist unser Henker, er wär' es nicht, wär' er ein Denker".

Während der Verwaltungsausschuss der Stadt ein wissenschaftliches Gutachten über die Auswirkung des Verlustes des Kreisitzes bei der Studiengruppe für Sozialforschung in München in Auftrag gab, fasste am 15. März der Kreistag den Beschluss, notfalls gegen die Reform in Karlsruhe zu klagen. Er betraute Professor Dr. Franz-Ludwig Knemeyer aus Würzburg damit, ein Gutachten zu erstellen, das eine eventuelle Verfassungsklage stützen, aber vor allem als letzter Appell verstanden werden sollte. Er ließ in sein Rechtsgutachten die Alfelder Alternativvorstellung vom Leinetalkreis einfließen und erklärte in fünf Punkten die erwogene Auflösung des Landkreises und die Bildung eines Großkreises Hildesheim für verfassungswidrig, gemäß Selbstverwaltungsrecht, Art. 28 GG. Er erläuterte im einzelnen: Duingen und Delligsen gehören zu Alfed; Hildesheim und Alfeld sind zwei voneinander getrennte Räume, die kaum Pendlerverbindungen aufweisen; die Reformpläne der Regierung geben kaum Begründungen für ihre Pläne an; ein Großkreis Hildesheim sprengt in seiner Größe das Gefüge der niedersächsischen Landkreise; seine Kopflastigkeit sei nur durch Auskreisung der Stadt Hildesheim zu beheben; die Alfelder wären in Hildesheim unterrepräsentiert; Nahbereiche würden zerschnitten, was gegen die Reformgrundsätze sei, und schließlich verstoße die Auflösung der Landkreise Hildesheim und Alfeld gegen das Demokratiegebot, denn sie geschehe zumindest in Alfeld gegen den Willen der Bevölkerung.

Unterdessen machte sich in Sachen Protest bei den Alfelder Bürgern wohl auch eine gewisse Lethargie bemerkbar, immerhin waren sie seit einem Jahrzehnt mit dem Thema konfrontiert. Vielleicht hielt aber auch nicht jeder den Zusammenschluss mit Hildesheim für ein Unglück. Jedenfalls wunderte sich die Bürgerinitiative, dass bis zum 19. Januar lediglich 560 Mark auf dem Spendenkonto eingegangen waren. Die im Frühjahr durchgeführte Unterschriftenaktion brachte zunächst auch nicht gerade den erhofften Erfolg. Bei der als Zwischenergebnis deklarierten Zählung im April hatten sich im Schnitt nur 39,9 Prozent der unterzeichnungsberechtigten Bürger über vierzehn Jahren beteiligt, in absoluten Zahlen: 24 718 von rund 61 000. Den Vogel abgeschossen hatte die Samtgemeinde Duingen mit 70 Prozent Beteiligung, die wollten ja auch nicht zu Holzminden, das Schlusslicht bildete die Samtgemeinde Freden mit 7,7 Prozent. In der Stadt Alfeld hatten 53,9 Prozent ihre Unterschrift geleistet. Der Aktionsausschuss der Bürgerinitiative jedenfalls hielt das Ergebnis für beschämend und beklagte die mangelnde Regsamkeit mancher Mandatsträger, die sich nicht hinreichend gekümmert hatten. Der böse Kommentar in der Hildesheimer Allgemeinen Zeitung sprach im Hinblick auf die Unterschriftenaktion von einem „Rohrkrepierer".

Eine weitere große Demonstration der Bürgerinitiativen gegen die Kreisreform fand am 21. Mai 1977 in Bad Rothenfelde bei Osnabrück beim FDP-Landesparteitag statt. Unter den 1500 Demonstranten waren auch 300 Alfelder, an die eine Aufforderung ergangen war, „Lärminstrumente" mitzubringen. Ein Sonderzug, für den die Bürgerinitiative 5 500 DM zahlte, brachte sie an Ort und Stelle. Es schien die letzte Chance noch etwas zu ändern, denn der FDP wurde eine Schlüsselrolle im Reformprozess zugeschrieben. Es war bekannt, dass einige ihrer Abgeordneten ebenfalls gegen die Reform waren; ihnen galt es den Rücken zu stärken. Doch der Wald von Spruchbändern, die Sprechchöre und Protestnoten halfen nichts, die FDP stellte sich hinter die Koalitionsbeschlüsse, die Anträge auf Aufhebung der Kreisreform wurden abgelehnt. Landesvorsitzender Rötger Groß erklärte, man wisse, dass die Reform nur die zweitbeste sei, aber man müsse Kompromisse eingehen. Die Demonstranten kehrten verdrossen heim und es wurde wohl nicht zum ersten Mal die Frage gestellt, was solche Aktionen bringen.

Zudem hatte es im Zusammenhang mit der Fahrt nach Rothenfelde noch einen unerfreulichen Zwischenfall gegeben. Da die Bereitschaft mitzufahren wohl nicht sehr rege war, hatte ein Alfelder Kreisamtmann, Mitglied der Bürgerinitiative, mit dem Hinweis, man werde die Teilnehmerlisten aufheben und wenn Personalverträge auszuhandeln seien, wisse man für wen man sich einzusetzen habe, Kreisbedienstete unter Druck gesetzt, am Protest teilzunehmen. Die Bürgerinitiative distanzierte sich von diesem Vorgehen.

Koalitionsvereinbarungen II

Die Koalitionsvereinbarungen zur Neueinteilung der Bezirke und Kreise, denen die FDP in Bad Rothenfelde zugestimmt hatte, waren in mühsamen Verhandlungen erarbeitet worden. Auf allen Seiten blieben Zweifel erhalten. In einigen strittigen Fragen waren Kompromisse gefunden worden, die in manchen Fällen vom Koalitionsvertrag abwichen, Problemgebiete im Norden wurden zunächst ausgeklammert. Hildesheim wurde nicht ausgekreist; als Regierungssitz wurde nun endgültig Hannover bestimmt. Die Hildesheimer Allgemeine Zeitung sprach von einem „Kniefall Albrechts vor Rötger Groß".

Die Kreisreform sollte bereits zum 1. August wirksam werden, die Bezirksreform ein Jahr später, die Teilkommunalwahl in den Neugliederungsgebieten am 23. Oktober stattfinden. Aufschubbegehren des Landkreistages, der die Kreisorgane zu sehr unter Zeitdruck sah, wurden abgelehnt. Die Kritik der SPD, man habe es so eilig, damit die fälligen Kommunalwahlen nicht so dicht an den Landtagswahlen 1978 lägen, überhörte die Regierung. Tatsächlich sah es schon ein wenig nach „Schlussgalopp" (Landrat Franzke) aus, doch irgendwie wollte jeder die Sache auch zu Ende bringen und manchem war es wohl mittlerweile auch tatsächlich egal wie, wenn das auch niemand laut sagte.

Auf die inhaltlichen Vereinbarungen reagierte die SPD mit scharfer Kritik. Es sei kein glaubwürdiges, sondern ein konfuses Konzept und eigentlich sei es besser auf die Kreisreform ganz zu verzichten. Noch vor gut einem Jahr hatte sie selbst für eine große Lösung gekämpft. Nun hatte der Innenausschuss des Landtags gegen die Stimmen

Ernst Kipker in Hannover, Beschluss des Hi-Alf-Gesetzes (Foto: Kreisarchiv / Pressestelle Landkreis Hildesheim)

der SPD das mehrfach abgeänderte Gesetz gebilligt, die „Landtagsdrucksache 1000" war verabschiedungsreif. Die Parlamentdebatte sollte zwischen dem 8. und 10. Juni stattfinden und mit der Abstimmung über das Gesetz enden.

Die Hildesheimer unternahmen einen letzten verzweifelten Versuch, die Bezirksregierung für ihre Stadt zu retten. Bürgerinitiative, Bürgermeister Heiko Klinge und alle Ratsfraktionen riefen für den 2. Juni 1977 zur Großkundgebung auf den Marktplatz. 10 000 kamen. Dabei war auch eine Delegation aus Alfeld, die unter dem Motto „...aber Hände weg vom Landkreis Alfeld!" den Hildesheimer Protest unterstützte. Denn wie war in der Alfelder Zeitung zu lesen: „Die Hildesheimer hätten in den Alfeldern natürliche Verbündete in ihrem Kampf um den Bezirkssitz, wenn sie endlich von ihrer ‚Alles-oder-nichts'-Haltung abrücken und ihren Nachbarn auch etwas gönnen würden." Man messe aber eben im eigenen Nest mit ganz anderen Maßstäben als bei der Anerkennung auswärtiger Rechte.

Die Bürgerinitiative Alfeld schickte kurz vor der Abstimmung im Parlament an alle Abgeordneten des Landtags ein Schreiben: „Denken Sie vor der Abstimmung über die Vorlage 1000 noch einmal an den Landkreis Alfeld. Sind Sie sich darüber im klaren, daß Sie bei der Zustimmung zu dieser Gesetzesvorlage einen in jeder Beziehung leistungsstarken und zukunftsgerechten Landkreis zerschlagen? Sind Sie über den in sich geschlossenen und historisch gewachsenen Leinetalraum so gut informiert, daß Sie die widersinnige Auflösung dieses Landkreises vor Ihrem Abgeordnetengewissen vertreten können?"

Das Gesetz

Am 9. Juni erfolgte die Abstimmung im Landtag. Das Reformgesetz wurde gegen die Stimmen der SPD, darunter Landrat Hinsche, und sechs CDU-Abgeordneter, darunter der Hildesheimer Anton Teyssen, angenommen. Bei der Bekanntgabe des Resultats jubelte die FDP, die beiden anderen Fraktionen schwiegen – wie verabredet. Die Bür-

Gebietsänderungsvertrag zwischen den Landkreisen Alfeld (Leine) und Hildesheim mit ausgehandeltem Sozialplan (Foto: Kreisarchiv / Pressestelle Landkreis Hildesheim)

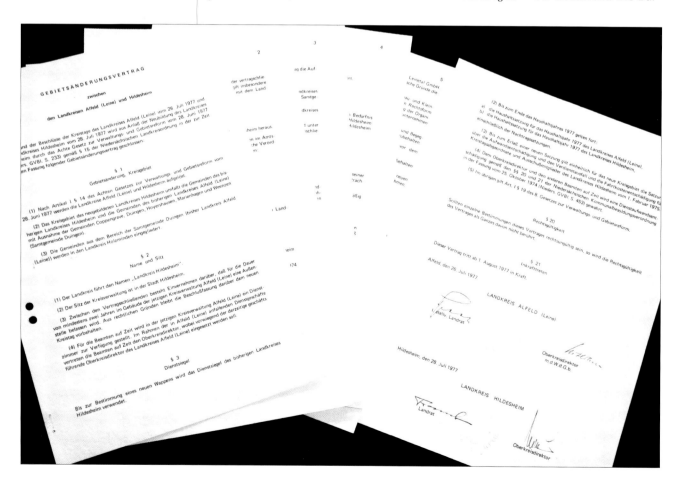

gerinitiativen, die Beobachter in den Landtag entsandt hatten, beschlossen noch während der Sitzung, weiterzukämpfen. Alfelds Landrat Hinsche fragte am 10. Juni 1977 in der Alfelder Zeitung: „Wie wird der Bürger reagieren, insbesondere der politisch engagierte Bürger, dessen demokratischer Bürgerwille mit Füßen getreten wurde? Wir werden uns schwertun, diese folgenschwere Entscheidung des 9. Juni 1977 in unsere Vorstellungswelt aufzunehmen. Die Kreisreform behandelt den Landkreis Alfeld ungerecht und ungleich. Wir werden daher … Klage beim Bundesverfassungsgericht erheben."

Im ganzen Land hagelte es Verfassungsklagen, die in den wenigsten Fällen zum Erfolg führten. Das achte Gesetz zur Verwaltungs- und Gebietsreform löste die alten Landkreise Hildesheim und Alfeld auf und vereinigte sie am 1. August 1977 zum neuen Landkreis Hildesheim, dem zweitgrößten in Niedersachsen. Flächenmäßig wurde er nur noch einmal geändert, als am 1. Juli 1981 nun doch noch die Samtgemeinde Duingen dem Landkreis angegliedert wurde.

Der Gebietsänderungsvertrag zwischen den Altkreisen sah vor, dass für die Dauer von mindestens zwei Jahren in Alfeld eine Außenstelle der Kreisverwaltung erhalten bleiben sollte. Der Vertrag wurde am 26. Juli im Alfelder Kreistag bei einer Enthaltung angenommen, in Hildesheim am folgenden Tag einstimmig. Bis zum Erlass einer neuen Geschäftsordnung galt die Hildesheimer, Oberkreisdirektor Kipker übernahm diese Rolle auch im neuen Landkreis. Es galt zunächst das Hildesheimer Wappen, aber es wurde schleunigst ein Heraldiker in Hannover mit dem Entwurf eines neuen Kreiswappens beauftragt. Die erste Sitzung des gemeinsamen Kreistags fand am 4. August statt, am 23. Oktober wie vorgesehen die Neuwahl.

Alle Mitarbeiter der Kreisverwaltung wurden übernommen, wenngleich es die meisten Unstimmigkeiten in der Frage der Sozialpläne für die Beschäftigten gab. Nach und nach übersiedelten die Abteilungen mit 350 Bediensteten aus Alfeld nach Hildesheim und stockten hier die Gesamtzahl des Personals der Kreisverwaltung auf 1300 auf. Aus Kostengründen brachten die Alfelder ihre eigenen Möbel mit ins Kreishaus. Hier wurden sie auf den Fluren von 24 großen Photos mit Alfelder Motiven begrüßt, die ihnen ein Heimatgefühl vermitteln sollten. Die Hildesheimer Allgemeine Zeitung brachte im Oktober 1977 eine Sonderbeilage heraus, eine Dokumentation über Alfeld unter dem Motto „Willkommen im neuen Landkreis Hildesheim". Man arrangierte sich und wie überall im Land erloschen die Proteste relativ schnell.

Landrat Hinsche, seit 1955 im Amt und damit der dienstälteste Landrat in Niedersachsen legte wie angekündigt zum 1. August sein Amt und sein Kreistagsmandat nieder. „Wir gehen in den großen Kreis mit Zurückhaltung und Misstrauen", sagte er zum Schluss.

Fazit

Die räumliche Neugliederung des Landes Niedersachsen war damit nach zwölf Jahren im Prinzip beendet. Es folgte noch die Bezirksreform 1978. Von der anfänglichen Euphorie war wenig, um nicht zu sagen nichts übrig geblieben. Zu schmerzhaft waren verlorene Hoffnungen, zu tief saßen die Enttäuschungen, zu wenig konnte der Verdacht von mehr oder weniger willkürlichen oder personenbezogenen Entscheidungen ausgeräumt werden. Zu viele politische Motive und Rücksichtnahmen und scheinbare Sachzwänge verdarben das Ergebnis. Die unterschiedliche Behandlung vergleichbarer Gebiete führte zu Unzufriedenheiten. Selbst räumlich stimmte nichts: es waren Kreise von 90 000 bis 530 000 Einwohnern entstanden. Alle hätten sich Besseres gewünscht, alle wussten, dass 1977 das damals politisch noch Machbare durchgeführt wurde, um die Sache überhaupt zu einem Ende zu bringen und nicht auf halber Strecke aufzugeben. Mittlerweile ist der Veränderungsrausch der sechziger und siebziger Jahre längst verflogen, der Sinn für das historisch Gewachsene wohl wieder stärker geworden. Wie sich das im Rahmen einen Nachdenkens über „Regionen" auswirkt, bleibt abzuwarten; über weitere Reformen wird ja bereits diskutiert!

Schon das Weber-Gutachten hatte eine mehrjährige Konsolidierungsphase mit Umstellungsschwierigkeiten und Organisationsmängeln vorausgesagt, in der zunächst

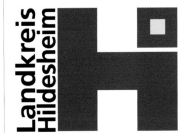

Wappen Landkreis Alfeld, Landkreis Hildesheim-Marienburg, Landkreis Hildesheim heute sowie das aktuelle Logo 2007 (Fotos: Kreisarchiv / Pressestelle Landkreis Hildesheim)

die Nachteile sichtbar würden. Erst im Laufe der Zeit könnten sich Vorteile in Form von Einsparungen und Strukturverbesserungen zeigen. War die Reform trotz aller Unzufriedenheiten letztlich ein Erfolg? Kosten wurden wohl eher nicht gespart, aber das war auch nicht das eigentliche Ziel. Ob die Verwaltung deutlich effizienter geworden ist, sei dahingestellt. Für den Bürger, der die alten Verhältnisse kannte, ist sie zunächst anonymer geworden, die Wartezeiten und die Wege haben sich eher verlängert.

Dramatische Veränderungen in der Lebensqualität hat es weder für Hildesheim durch den Abzug der Bezirksregierung noch für Alfeld durch den Verlust des Kreissitzes gegeben. Das vorweggenommene Verlustgefühl und die Angst vor Prestigeminderung wogen in beiden Fällen schwer, aber die Realität blieb hinter den Befürchtungen zurück. Beide Städte sind nicht zu Provinznestern verkommen, beide sind wirtschaftlich stark geblieben.

Und was macht das „Kreisgefühl"? Haben die Alfelder sich daran gewöhnt im Landkreis Hildesheim zu leben? Zum Auftakt erinnerte der neue Landrat Friedrich Deike an die gute alte historische Verbundenheit, äußerte aber auch Verständnis für die Alfelder, die lange brauchen würden, bis sie sich eingewöhnt hätten. Man hoffte zusammenzuwachsen. Haben sie sich eingewöhnt? In einer Vorstellung des Landkreises 2005, 28 Jahre nach der Kreisreform, schreibt die damalige Landrätin Ingrid Baule, geographisch sei der Landkreis eine „runde Sache", im Hinblick auf die Identität der Kreisbevölkerung noch nicht. Die Ursachen vermutet sie auch in der geographischen Lage zwischen Hannover und Braunschweig, sieht sie aber sicher in der Geschichte. Die beiden Altkreise bilden noch keine Einheit. Landrätin Baule: „Noch konnte aus den Wurzeln des Landkreises keine eigene Identität, die auch von der Bevölkerung gelebt wird, geschaffen werden. Dies soll sich in den nächsten Jahren ändern..."

Quellen und Literatur

Der Beitrag stützt sich in erster Linie auf die Zeitungsausschnittsammlung zur Kreis- und Verwaltungsreform des Archivs des Landkreises Hildesheim.
Alfeld, Willkommen im neuen Landkreis Hildesheim, Dokumentation der Hildesheimer Allgemeinen Zeitung, Oktober 1977
Landkreis Hildesheim, hg. in Zusammenarbeit mit der Kreisverwaltung, Redaktion Hans-A. Lönneker, Oldenburg 2005
Buerstedde, Franz: 75 Jahre Kreisverfassung – 15 Jahre Großkreis Hildesheim-Marienburg, in: Landkreis Hildesheim-Marienburg, Landschaft-Geschichte-Wirtschaft, Oldenburg o.J., S.10ff.
Meyer, André und Wilhelm: 1946-1996 – Rückblick auf 50 Jahre demokratisch gewählte Kreistage im Landkreis Hildesheim, in: Jahrbuch des Landkreises Hildesheim 1997, S. 165ff.
Schöne, Michael: Modernes Dienstleistungsunternehmen für Bürger, in: 100 Jahre Landkreis Hildesheim, Sonderbeilage der Hildesheimer Allgemeinen Zeitung – 30. März 1985
Thieme, Werner/Günther Prillwitz, Durchführung und Ergebnisse der kommunalen Gebietsreform, Band 1, 2 der Schriftenreihe "Kommunale Gebietsreform", hrsg. von Hans Joachim Oertzen und Werner Thieme, Baden-Baden1981

Die Reformen der 70er Jahre waren notwendig und im Wesentlichen auch richtig

Interview mit Ignaz Jung-Lundberg, Ministerialdirigent a.D. (von 1970 bis 1985 Kreisdirektor beim Landkreis Hildesheim-Marienburg und Landkreis Hildesheim)

Angesicht der Vorgeschichte erscheint es so, als sei die Geburt des neuen Landkreises Hildesheim 1977 eher ein zufälliges Produkt, weniger eine geplante Reform. Haben Sie Anfang bis Ende 1975 mit dieser Entwicklung gerechnet?

Jung-Lundberg: Die 70er Jahre waren kommunalpolitisch bestimmt von der Diskussion um die Verwaltungs- und Gebietsreform. Dabei war das politische Interesse vornehmlich auf die Gebietsreform gerichtet. Auch wenn zunächst nur die Gemeindereform – der Landkreis Hildesheim-Marienburg bestand damals aus 106 selbstständigen Gemeinden – durchgeführt wurde, so hatte der Landkreis jedoch von Anfang an auch die Kreisreform im Blick. Tatsächlich wurden die Grundlagen für die spätere Kreisreform bereits in der Gemeindereform gelegt.

Der Landkreis Hildesheim-Marienburg befand sich Anfang der 70er Jahre in einer nicht ganz einfachen Ausgangsposition. Im Norden des Landkreises hatte der Raum Hannover Interesse an dem Raum Sarstedt/Gleidingen bekundet. Der Landkreis Alfeld nahm eine abwehrende Haltung gegenüber Hildesheim ein und versuchte mit Blickrichtung auf die Landkreise Holzminden und Gandersheim einen eigenen Landkreis zu bilden. Die Stadt Hildesheim war an den Umlandsgemeinden interessiert, insbesondere an dem Gebiet um Diekholzen/Barienrode. In dieser Situation sah Anfang der 70er Jahre die Zielplanung des Landkreises Hildesheim-Marienburg für die angekündigte Gemeinde- und Kreisreform – wobei die Planung räumlich bewusst sehr weit gesteckt wurde – wie folgt aus:

*Ignaz Jung-Lundberg
(Foto: Archiv HAZ)*

a) Kerngebiet des neuen Landkreises Hildesheim sollten die Landkreise Hildesheim-Marienburg bzw. Hildesheim und Alfeld bilden.
b) Es sollte keine Abtrennung von Gebieten im nördlichen Landkreis zugunsten des Raumes Hannover geben.
c) Es sollte eine begrenzte Eingliederung der Umlandsgemeinden in die Stadt Hildesheim erfolgen, im Wesentlichen auf Ochtersum und Himmelsthür beschränkt. Insbesondere der Raum Diekholzen/Barienrode sollte nicht der Stadt Hildesheim zugeordnet werden.
d) Der Ambergau sollte ungeteilt dem neuen Landkreis Hildesheim zugeordnet werden.
e) Die ehemaligen zehn hildesheimischen Innnerstegemeinden um Baddeckenstedt sollten in den Landkreis Hildesheim zurückgegliedert werden.

Daneben wurde auch an das Gebiet der Gemeinde Hohenhameln gedacht. Auf dieser Planungsgrundlage wurden seitens des Landkreises die Diskussionen und Gespräche sowohl der Gemeinde-, als auch der Kreisreform geführt.

Wurde diese Reform nach verwaltungswissenschaftlichen Erkenntnissen umgesetzt oder spielten hier doch eher zufällige politische Wechselwirkungen eine Rolle?

Jung-Lundberg: Sicherlich spielten bei den Planungen und der Umsetzung der Reform auf Landes - und Kommunalebene auch verwaltungswissenschaftliche Erkenntnisse eine Rolle, z.B. das Gutachten des Göttinger Universitätsprofessors und

Begrüßungsrede durch Landrat
Reiner Wegner beim Festakt
„30 Jahre Landkreis Hildesheim"
(Foto: Kreisarchiv / Pressestelle
Landkreis Hildesheim)

Verwaltungsrechtswissenschaftlers Dr. Werner Weber. Allerdings standen in diesen Jahren immer wieder eine Vielzahl von wechselnden Vorschlägen und Diskussionsbeiträgen im Raum, so dass es ständig neue Überlegungen gab und politisch wechselnde Gegebenheiten sowie personelle Konstellationen eine Rolle spielten. So hat die unverwartete Einkreisung der Stadt Hildesheim die weitere Entwicklung mitbestimmt. Diese Entscheidung wurde beeinflusst vom damaligen Regierungspräsidenten in Hildesheim, Hans Kellner, der vor seiner Ernennung zum Regierungspräsidenten Oberkreisdirektor des Landkreises Göttingen war und das so genannte Göttingen-Gesetz mitinitiiert hatte. Einfluss hatte auch die Bildung der Gemeinde Nordstemmen und deren Zuordnung zum Landkreis Hildesheim, wobei die Schuldiskussion zwischen Nordstemmen und Elze eine Rolle spielte.

Hat es nach dem Bekanntwerden der neuen Reformpläne 1977 (Zusammenlegung Alfeld und Hildesheim) Kontakte oder Einflussnahmen zwischen den Leitungen der am Reformprozess Beteiligten gegeben? Können Sie dafür ein Beispiel geben.

Jung-Lundberg: Bei allen Reformen – auch solchen nichtkommunaler Art – spielen natürlich Positionen und personelle Weichenstellungen nach meiner Erfahrung eine entscheidende Rolle. So war das auch bei der kommunalen Gebietsreform. Deshalb wurde seitens des Landkreises eine sehr rege Kontaktpflege nicht nur zu den Entscheidungsträgern der Nachbarkreise, sondern auch zum Innenministerium und den Landespolitikern gepflegt. Dabei spielten persönliche Begegnungen – oft außerhalb des Dienstes – eine Möglichkeit, eine aufgeschlossene Atmosphäre zugunsten Hildesheims zu schaffen.

Ich erinnere an die Begegnungen im Rahmen der so genannten Parlamentarischen Abende. Die Idee zu dieser Einrichtung wurde z.B. bei einem Besuch im befreundeten Landkreis Schwalm – Eder in einer Runde geboren, die Beziehungen zu einflussreichen

Bundes- sowie hessischen und niedersächsischen Landespolitikern pflegte. Auch die kommunalpolitischen Tagungen in Hohegeiß spielten zu dieser Zeit eine entscheidend Rolle, nützliche persönliche Kontakte zu pflegen. Ich erinnere mich auch an eine vom Landesverband der Wohnungsbaugesellschaften Niedersachsen/Bremen durchgeführte Studienreise nach Finnland, bei der es zu entscheidenden Kontakten mit dem Oberkreisdirektor des Landkreises Gandersheim kam.

Von Bedeutung wurde die Person des Rechtsanwaltes Bruno Brandes aus Holzminden, der in Hannover politisch die Erhaltung des Landkreises Holzminden durchsetzte und damit gleichzeitig den Überlegungen zur Bildung eines selbständigen Kreises im Leinebergland/Weserbereich die Grundlage entzog. Infolge der Zugehörigkeit des Amtsgerichts Holzminden zum Landgerichtsbezirk Hildesheim bestand bei Bruno Brandes sicherlich eine Affinität zu Hildesheim, die auch positive und nützliche Gespräche und Informationen ermöglichte.

Welche Marschrichtung wurde von der Leitung des Landkreises Hildesheim ausgegeben, damit die beiden Verwaltungen schnell zusammenwachsen können?

Jung-Lundberg: Alfeld legte großen Wert darauf, dass dort eine Außenstelle der Kreisverwaltung erhalten blieb. Dieses wurde so vereinbart. Weiterhin wurde die Besetzung der Dezernenten - und Amtsleiterstellen so geregelt, dass nicht nur Alfeld, sondern auch die politischen Parteien sich in den Führungsstellen wiederfanden. Weiterhin wurde festgestellt, dass der Kreisausschuss auch im früheren Verwaltungsgebäude des Landkreises Alfeld in regelmäßigen Abständen tagte. So entstand eine Atmosphäre der Gleichgewichtigkeit von Alfeld und Hildesheim. Dabei war natürlich allen bewusst, dass sich langfristig die Kreisverwaltung in Hildesheim konzentrieren würde. Zu Beginn des neu gebildeten Kreises jedoch waren diese Maßnahmen für ein kollegiales Miteinander von entscheidender Bedeutung. Von wenigen Ausnahmen abgesehen, ging die Zusammenlegung der Verwaltungen reibungslos vonstatten. Im Gegensatz dazu waren bei der Eingliederung einiger Ämter im Rahmen der Einkreisung der Stadt Hildesheim jedenfalls länger anhaltende Reibungsflächen zu spüren.

Wie schätzen Sie das Zusammenwachsen der politischen Gremien nach der Reform ein?

Jung-Lundberg: Was die öffentlich-tagenden Gremien angeht, wurde sachorientiert gearbeitet. Natürlich wurde ansonsten politisch um die Entscheidungen gerungen. Dabei spielten natürlich regionale Interessen auch eine Rolle. Das war aber vor der Kreisreform nicht anders. Jedenfalls war trotz der politischen Auseinandersetzung und der unterschiedlichen Interessenlagen von Anfang der Wille vorhanden, den neuen Landkreis als eine Einheit zu formen. Das war nach den vorangegangenen gegensätzlichen Positionen schon überraschend und muss anerkannt werden.

War die Zusammenlegung der beiden Kreise aus heutiger Sicht der richtige Weg, mehr Wirtschaftlichkeit und Leistungskraft der Verwaltung für die Bevölkerung zu erzeugen?

Jung-Lundberg: Es ist interessant zu beobachten, dass unter dem Gesichtspunkt von EU-Förderungskriterien die Städte und Gemeinden neue Regionen bilden. Auffallend ist dabei, dass diese Regionen im Wesentlichen deckungsgleich sind mit den Altkreisen Alfeld und Hildesheim, wenn man von der kreisübergreifenden Region im Norden des Landkreises absieht. Diese Entwicklung ist im Hinblick auf die Zukunft unter Berücksichtigung der stärker werdenden strukturellen Verknüpfung mit der Region Hannover nicht uninteressant und kann langfristig durchaus zu neuen regionalen Strukturen führen. Die Entwicklung dürfte nicht abgeschlossen sein. Dennoch waren die Reformen der 70er Jahre notwendig und im Wesentlichen richtig. Die Landkreise waren vor allem als Planungsräume zu eng geschnitten. Überregionale Zusammenarbeit war wenig ausgeprägt und oft schwierig zu organisieren bzw. zu schwerfällig. Andererseits hat die Reform zweifellos mehr Bürokratie mit sich gebracht und vor allem am Anfang auch das ehrenamtliche Engagement der Bürger gelähmt. Aber die kommunale Selbstverwaltung des Landkreises und der Städte und Gemeinden sind letztlich gestärkt aus der Reform hervorgegangen.

„Politik ist für die Menschen da"

*Friedrich Deike erinnert sich an den schwierigen Zusammenschluss
der Landkreise Hildesheim und Alfeld*

Es war keine Liebeshochzeit. Als die beiden Landkreise Hildesheim und Alfeld 1977 zusammengelegt wurden, gab es hüben wie drüben Skeptiker. Zu denen zählte auch der erste Landrat Friedrich Deike. Doch das ist längst Vergangenheit: „Der Landkreis ist mittlerweile zusammen gewachsen. Die Reform ist gelungen", sagt Deike heute.

Hausbesuch in der Hildesheimer Straße 24 in Söhlde. Hier wohnt Altlandrat Friedrich Deike, der von 1977 bis 1996 an der Spitze des neu gegründeten Landkreises stand. Andenken an diese Zeit gibt es im Haus des Sozialdemokraten zuhauf: In einem Erkerfenster glänzt das rot-gelbe Landkreiswappen im Sonnenlicht, im Arbeitszimmer steht in einer Vitrine das ehemalige Türschild aus dem Kreishaus mit der Aufschrift „Zimmer 227 Landrat Deike – Eingang Zimmer 228."

Entsprechend präsent sind die Erinnerungen an die Gebietsreform des Jahres 1977, in dem die Geburtsstunde des Landkreises Hildesheim schlug. Damals wollte das Land Niedersachsen die Zahl der Landkreise von 60 auf 38 reduzieren, was für jede Menge Unruhe bei den Politikern vor Ort sorgte. Auch bei Friedrich Deike, dem damaligen stellvertretenden Landrat des Landkreises Hildesheim. Denn für die Gebietsreform 1974 musste sich Hildesheim-Marienburg von etlichen Gemeinden trennen: Himmelstür, Ochtersum, Bavenstedt, Drispenstedt, Achtum, Uppen und Sorsum fielen an die Stadt Hildesheim. Im Norden gingen Gleidingen, Ingeln-Oesselse und Bolzum verloren, im Süden waren es Rhüden, Mechtshausen und Bilderlahe.

Im Gegenzug konnte der Landkreis Hildesheim aus der Erbmasse des aufgelösten Kreises Springe die Dörfer Adensen, Hallerburg, Wülfingen und Sorsum einheimsen, die heute zu Nordstemmen und Elze gehören.

*Friedrich Deike
verabschiedet Landrat Erich
Franzke (Amtszeit von 1974 bis
1977) bevor er am 4. 8. 1977
selbst Landrat des neuen
Landkreises Hildesheim wird
(Foto: Kreisarchiv / Pressestelle
Landkreis Hildesheim)*

*Landrat Friedrich Deike
beim Spatenstich zum Neubau
des Kreishauses 1987
(Foto: Kreisarchiv / Pressestelle
Landkreis Hildesheim)*

Und dann erhielt Hildesheim noch den Altkreis Alfeld. Freilich gegen den erbitterten Widerstand des neuen Partners: „Hildesheim nie" war auf den Protestschildern zu lesen, und die damals noch in den Kinderschuhen steckenden Grünen warben mit der Parole „Noch ist Alfeld nicht verkommen – wartet nur, die Grünen kommen."

Eine Partei hatte sich sogar den Erhalt des Landkreises Alfeld auf die Fahnen geschrieben. Ganz vorneweg die Alfelder Architektin und spätere Kreistagsabgeordnete Anneliese Peck. Die „Freien Wähler" kämpften vehement für ihren Landkreis, machten den Zusammenschluss von einer Verwaltungsaußenstelle in Alfeld abhängig. Diese Forderung konnte schließlich nach langen Verhandlungen erreicht werden.

Wenngleich es damals noch weitere Angebote gab. So wurde dem Alfelder Landrat Wilhelm Hinsche sogar der Posten des zukünftigen Landrats in Hildesheim offeriert. Doch Hinsche benötigte nur 24 Stunden, um dankend abzulehnen: „Er spürte, dass sich die Verwaltung in Hildesheim nicht von einem Landrat leiten lassen würde", vermutet Deike als Grund für die Entscheidung Hinsches.

Obwohl es also keinen Alfelder Landrat in Hildesheim gab, sollte der Zusammenschluss für Alfeld doch mehr Vor- als Nachteile bringen. So wurden die marode Schwimmhalle (Friedrich Deike: „Die fiel schon fast zusammen") saniert, die Berufsbildenden Schulen gebaut und neue Sportstätten geschaffen. Nebenbei konnte Deike erfahren, dass längst nicht alle Einwohner des Altkreises Alfeld gegen die Fusion waren. Am deutlichsten sagte das die Vorsitzende des Gronauer Roten Kreuzes Marie Johannsen. Für sie war das Ende des Altkreises Alfeld der schönste Tag: „Schließlich haben die uns damals auch geschluckt", sagte Johannsen in einer öffentlichen Veranstaltung.

Überhaupt diese Gronauer und ihre Nachbarn. Bei ihnen fühlte sich Deike stets wohl, was nicht nur an den guten Wahlergebnissen gelegen haben dürfte. Auch die Chemie stimmte. Sei es mit dem geradlinigen Gronauer Verwaltungschef Fred Wentritt, dem durch und durch sozialdemokratischen Gronauer Parteichef Herbert Klemm oder dem nach außen rauhbeinigen Elzer Bürgermeister Hermann Schiermann: Die Menschen im Leinetal konnten sich offenbar frühzeitig mit dem neuen Landkreis anfreunden.

Dieses Beispiel machte schnell Schule. Vorneweg Diekholzen und Holle, die als erste Kommunen vom Sporthallenprogramm des Landkreises profitierten. Es folgten weitere Hallen in den Gemeinden, die über keine Schulen verfügten. Auf diese Art wollte der Landkreis seiner Ausgleichsfunktion nachkommen.

Und Hildesheim profitierte vom neuen Zuschnitt, mit dem die Stadt ihren Expansionskurs einleiten konnte: „Vor der Kreisreform hatte die Stadt kein Gelände mehr und war am Ende ihrer Weiterentwicklung angelangt", sagt der 76-Jährige heute im Rückblick.

Wenn es nach Friedrich Deike ginge, könnten Stadt und Landkreis noch viel stärker voneinander profitieren. Man müsse nur aufeinanderzugehen und dabei die Bürger im Auge behalten: „Politik ist für die Menschen da, die müssen mitgenommen werden", lautet das Vermächtnis des Altlandrates aus Söhlde.

Keine Liebesbeziehung,
aber gute Arbeitsergebnisse

Interview mit Karl-Heinz Duwe, Bürgermeister a. D. der Stadt Alfeld (Leine),
hat von 1960 (Ausbildung) bis Januar 1989 (Leiter der Kommunalaufsicht)
beim Landkreis Alfeld (Leine) bzw. Landkreis Hildesheim gearbeitet, unterbrochen von
einer Tätigkeit als Zeitsoldat bei der Bundeswehr sowie als Fraktionsgeschäftsführer
der Kreistagsfraktionen von SPD und FDP

Angesichts der Vorgeschichte, scheint es so, als sei die „Geburt" des neuen Land-
kreises Hildesheim 1977 eher ein zufälliges Produkt, weniger eine geplante Reform.
Haben Sie Anfang bis Ende 1975 mit dieser Entwicklung gerechnet?

Duwe: Gerechnet hat bei uns zu der Zeit niemand mit einer derartigen Entwicklung,
weil für einen überschaubaren Landkreis Alfeld-Holzminden mit rd. 180.000 Einwohnern gute Argumente ins Feld geführt werden konnten. Immerhin gab es ja einen entsprechenden Gesetzentwurf.

Allerdings war die Befürchtung, dem Landkreis
Hildesheim „zugeschlagen" zu werden latent
vorhanden. Es gab ja wohl zu der Zeit auch
entsprechende Bemühungen insbesondere der
Administration im Hildesheimer Kreishaus. Die
waren aus Hildesheimer Sicht auch dringend
geboten. Schließlich war der damalige Landkreis Hildesheim mit knapp über 100.000 Einwohnern (ohne die Stadt Hildesheim, die ja
nachvollziehbar gern kreisfrei geworden wäre)
nur unwesentlich größer als der Altkreis Alfeld
und unterschritt die damalige „Richtgröße" von
150.000 Einwohnern je Kreis ebenfalls deutlich.

Wurde diese Reform nach verwaltungswissen-
schaftlichen Erkenntnissen umgesetzt, oder
spielten hier doch eher zufällige politische
Wechselwirkungen ein Rolle?

Duwe: Mit den verwaltungswissenschaftlichen
Erkenntnissen wird es nicht so weit her gewesen sein. Es ging wohl mehr um politische Einflussnahme und da waren nach dem Regie-
rungswechsel in Hannover die Hildesheimer
ganz offensichtlich in einer besseren Position
als die Alfelder.

Karl-Heinz Duwe und Verkehrs-
minister Wolfgang Tiefensee im
Alfelder Rathaus
(Foto: Archiv HAZ)

Dass der kleine Landkreis Holzminden, anders als der Landkreis Alfeld, erhalten blieb,
hatte er zweifellos dem damaligen Fraktionsvorsitzenden der CDU-Landtagsfraktion
zu verdanken. Bruno Brandes, ein umtriebiger Landespolitiker aus Holzminden hat es
für seine Heimatstadt entsprechend gerichtet. Das alles hatte mit wissenschaftlichen
Erkenntnissen nur sehr wenig oder besser gar nichts zu tun.

Hat es nach dem Bekanntwerden der neuen Reformpläne 1977 (Zusammenlegung
Alfeld und Hildesheim) Kontakte oder Einflussnahmen zwischen den Leitungen der
am Reformprozess Beteiligten gegeben. Können Sie dafür mal ein Beispiel geben?

Duwe: Das hat es und zwar sowohl auf der Verwaltungsebene als auch auf der politischen. Im politischen Bereich waren die Kontakte intensiver, schließlich ging es darum,
sich auf einen gemeinsamen Spitzenkandidaten für die Position des ehrenamtlichen
Landrates zu verständigen. Der war in der SPD - nur für die kann ich hier eine Aussage machen - mit Friedrich Deike problemlos gefunden.

Welche Marschrichtung wurde von der Leitung des neuen Landkreises Hildesheim ausgegeben, damit die beiden Verwaltungen schnell zusammenwachsen können?

Duwe: Auch rückblickend betrachtet war das durchaus professionell. Das Reformgesetz vom 28.6.1977 sah ja bekanntlich die Auflösung der beiden Landkreise Alfeld (Leine) und Hildesheim vor. Man hat sich darum bemüht, die neue Verwaltung so aufzustellen, dass die Bediensteten beider ehemaligen Institutionen ihren jeweiligen Qualifikationen entsprechend eingesetzt wurden und zwar durchgängig auf allen Ebenen.

Wie schätzen Sie das Zusammenwachsen der politischen Gremien nach der Reform heute ein?

Duwe: Das Zusammenwachsen der politischen Gremien gestaltete sich ungleich schwieriger. Hier war eben doch die Sorge der Gemeinden des ehemaligen Landkreises Alfeld (Leine) vorherrschend, im neuen Kreisverbund zu kurz zu kommen. Es ist vor allem dem vom neuen Kreistag gewählten ehrenamtlichen Landrat Friedrich Deike zu verdanken, dass diese Vorbehalte sukzessive abgebaut werden konnten. Durch seine auch mit einem Landtagsmandat im Zusammenhang stehende Präsenz hat er den Menschen im ehemaligen Landkreis Alfeld (Leine) das Gefühl vermittelt, nicht nur einfach so „vereinnahmt" worden zu sein. Auch die Einrichtung einer Außenstelle der Kreisverwaltung in der ehemaligen Kreisstadt – sie wurde in der Hauptsatzung des neuen Landkreises kodifiziert – ist ganz maßgeblich auf seine Einflussnahme zurückzuführen.

War die Zusammenlegung der beiden Kreise aus heutiger Sicht der richtige Weg, mehr Wirtschaftlichkeit und Leistungskraft der Verwaltung für die Bevölkerung zu erzeugen?

Duwe: Die Frage möchte ich allgemein dahingehend beantworten, dass eine Stärkung der Verwaltungskraft der Landkreise angesichts der gestiegenen Anforderungen in den 70er Jahren sicherlich vonnöten war. Ob die Balance zwischen diesem Reformziel und der ebenfalls vollmundig angekündigten Bürgernähe gelungen ist, darf zumindest in Frage gestellt werden.
Natürlich will ich an dieser Stelle eine Schlacht nicht zum zweiten Mal schlagen. Andererseits steht aber fest, dass mit den Landkreisen Alfeld (Leine) und Hildesheim zwei wesentlich verschiedene, voneinander abgetrennte Räume zusammengelegt wurden.
Eine Verklammerung wurde s. Zt. mühsam versucht zu konstruieren, indem in der Begründung des Referentenentwurfes unter Tz. 2 auf S. 138 ff. die Pendlerverflechtungen zwischen den im östlichen Teil des ehemaligen Landkreises Alfeld (Leine) gelegenen Gemeinden und Hildesheim hingewiesen wurde.
Diese Pendlerverflechtungen existieren. Sie sind aber auch heute noch von geringer Intensität und in keiner Weise räumeverbindend.
Im übrigen – und das wurde bei der Reform völlig ignoriert bzw. vernachlässigt - ist durch die in Nord-Südrichtung verlaufenden Höhenzüge des Leineberglandes die überregionale Verkehrsachse Leinetal entstanden. Die westlichen und südlichen Teile des neuen Landkreises Hildesheim sind insbesondere in Nord-Südrichtung an diese bedeutende überregionale Verkehrsverbindung angeschlossen.
Die günstigen Verkehrsverbindungen ermöglichen es immerhin, das Oberzentrum Hannover z.B. mit der Bahn wesentlich schneller und ohne Umsteigen zu erreichen, als Hildesheim. Den Busverkehr will ich an dieser Stelle erst gar nicht erwähnen. Bis heute – das mag man bedauern oder auch nicht – sind die Menschen in diesem Teil des Landkreises eher auf Hannover als auf Hildesheim ausgerichtet.
Eine Liebesheirat war die Zusammenlegung der beiden Landkreise Alfeld (Leine) und Hildesheim 1977 also nicht. Es wird wohl auch keine Liebesbeziehung daraus werden. Indessen können aber auch in „gesetzlich verordneten" Strukturen für die Bevölkerung gute Arbeitsergebnisse erzielt werden. Ich denke, dafür ist der Landkreis Hildesheim ein gutes Beispiel. Seine Infrastruktur, seine vom Kreis getragenen überregionalen Einrichtungen insbesondere im Schulwesen aber auch in anderen Bereichen der öffentlichen Daseinsvorsorge, der öffentliche Personennahverkehr, das Gesundheitswesen, das gute Miteinander der Gemeinden untereinander sowie auch mit dem Landkreis und vieles andere mehr sind dafür ein beredetes Zeugnis.

Als Erster stieg ein Hochstapler zu

Gerhard Müller war von 1945 bis 1982 Cheffahrer des Landkreises

Gerhard Müller hat ihn noch genau vor Augen: den ersten Landrat nach dem Krieg. Ein großer Kerl mit gleich zwei Doktortiteln vor dem Namen. An letzteren kann sich Gerhard Müller heute nicht mehr erinnern. Aber der Mann hatte bei den Voss-Werken in Sarstedt gearbeitet. Als Zwangsarbeiter, denn er war Holländer. Dies alles imponierte den Alliierten wohl, die Nazideutschland gerade erst in die Knie gezwungen hatten, und sie setzten den Mann an die Spitze des Landkreises, damals, als sich das Dritte Reich in Staub auflöste, und das Machtvakuum, das von heute auf morgen entstand, wieder gefüllt werden wollte. Also kam der Holländer. Und Müller fuhr den Neuen, wohin dieser wollte. Aber nicht lange. Denn der Holländer war ein Scharlatan. „Wahrscheinlich waren nicht einmal die Doktortitel echt", sagt Müller und kramt tief in seinem Gedächtnis, das einem gigantischen Speicher gleicht, nach Einzelheiten. „Eines Tages kam der Secret Service und hat ihn geholt." Sein erster Chef blieb Gerhard Müller also nicht lange erhalten.

Es war das erste und letzte Mal, dass Müller seinen Chef auf derart spektakuläre Art und Weise verabschieden musste. Denn die, die nach dem Holländer kamen, waren seriös. Müller konnte sicher das eine oder andere Geheimnis berichten, wenn er wollte. Aber wahrscheinlich ist es das, was ihm den Job über all die Jahrzehnte gesichert hat: alles sehen, alles verstehen, alles für sich behalten. Und so sitzt der im September 1919 im Spreewald geborene Mann auch heute noch in seinem Wohnzimmer auf der Marienburger Höhe, lacht sein gewinnendes Lachen – und schweigt.

Gerhard Müller trudelte, kriegsmüde wie die meisten Deutschen zu dieser Zeit, acht Tage nach der Kapitulation der Deutschen in Hildesheim ein. „Wir hatten hier Verwandte in Ochtersum", erzählt er. Dort zog Müller, damals 25 Jahre alt, ein. Und er hatte Glück. Beim damaligen Landkreis waren Arbeitskräfte gefragt. „Wir brauchen junge Leute", hörte er gleich bei seinem ersten Besuch. Müller konnte gleich anfangen. Von Ochtersum aus machte er sich frühmorgens zu Fuß in die Innenstadt auf. Dort nahm der Chauffeur hinterm Steuer Platz und begann sein Tagwerk. Dieses führte ihn am Anfang seiner Karriere eher in die nähere Umgebung, wo er zum Beispiel Lebensmittelmarken in den einzelnen Städten und Gemeinden abgeben musste. Und als im Frühjahr 1948 die Währung des deutschen Volkes reformiert wurde, karrte Müller das Geld gleich säckeweise durch den Landkreis. Einmal fehlte ein ganzes Paket mit Zigarettenmarken. Wer einen Glimmstängel auf dem Schwarzmarkt ergattern wollte, musste damals tief in die Tasche greifen, und Gerhard Müller wäre ein reicher Mann gewesen, hätte er die Wertmarken tatsächlich mit nach Hause genommen. Das dachte sich auch die Kriminalpolizei, die Müller damals gehörig in die Zange nahm, um den Fall aufzuklären. Aber es gab nichts aufzuklären. Die Marken waren hinter die Sitze gerutscht. Als Müller noch einmal genauer hinsah, hatte er sie plötzlich doch noch in den Händen. „Mir fiel ein Stein vom Herzen", erinnert er sich noch heute ungern an die bangen Stunden von damals.

Gerhard Müller im Gespräch mit Oberkreisdirektor Michael Schöne (Foto: Kreisarchiv / Pressestelle Landkreis Hildesheim)

Umliegende Seite: Kreisdirektoren und Landräte der 50er Jahre (Fotos: Kreisarchiv / Pressestelle Landkreis Hildesheim)

Dr. Franz Buerstedde
Oberkreisdirektor 1945 – 1960

Wilhelm Böllersen
Landrat Hi-Marienburg 1952 – 1980

Willi Plappert
Landrat Hi-Marienburg 1958 – 1961

Otto Gott
Landrat Hi-Marienburg 1948 – 1952

Sogar viele der damaligen Autos, die er kreuz und quer durch Europa steuerte, hat er noch vor Augen. Zum Beispiel den DKW („das war noch alles aus Plastik"), den Wanderer, den die Alliierten in Hoheneggelsen für ihn beschlagnahmten, den Adler Triumph und auch den Opel Super 6, der nur 1937 und 1938 gebaut worden war. Dieser kam schon damals mit sechs Zylindern daher. „Das war ein Kommen und Gehen", spielt Müller lachend auf die vielen verschiedenen Automodelle an. Doch das sollte sich später ändern. Wenn es eine Automarke gibt, in der Gerhard Müller besonders viele Kilometer zurücklegte, dann in der bekanntesten Marke der Welt. Und es werden sich immer noch seit langem pensionierte Mercedes-Benz-Marketing-Mitarbeiter finden, die still und heimlich Tränen weinten, als der Hildesheimer die Autotür der Landkreis-Limousine zum letzten Mal zuschlug. Schließlich legte er in den Fahrzeugen im Laufe seines Berufslebens viele Millionen Kilometer zurück. „Immer, wenn ich 100.000 Kilometer gefahren war, habe ich eine Anstecknadel von Mercedes bekommen", erzählt er und kramt die kleinen Blechanstecker aus einer kleinen Dose hervor.

Eine seiner ersten Fahrten, nachdem der Holländer „von Bord" gegangen war, führte Müller nach Hannover zum ersten Ministerpräsidenten Niedersachsens, Hinrich Wilhelm Kopf. Dort traf er auf einen ausgebombten Hildesheimer, der gerade in Sillium untergeschlüpft war, Dr. Franz Buerstedde. Kopf ernannte Buerstedde zum Oberkreisdirektoren des Landkreises Hildesheim. Und Cheffahrer Müller konnte seinen ersten „echten" Fahrgast chauffieren. Im Laufe der Jahre stiegen viele zu und wieder aus. Viele der Namen kennen junge Bewohner des Landkreises höchstens noch von Straßenschildern oder Dorfgemeinschaftshäusern und Sporthallen, die heute noch die Namen der Landräte und Oberkreisdirektoren tragen. Wilhelm Böllersen, Willi Plappert, Otto Gott oder auch Friedrich Deike, um nur einige zu nennen.

Sie alle nahmen neben Gerhard Müller Platz. Auch Oberkreisdirektor Ernst Kipker stieg irgendwann zu. „Mit ihm bin ich durch ganz Europa gefahren", erinnert sich Müller. Paris, Wien, Brüssel: Wenn die Kreisdirektoren oder Landräte beruflich in der Ferne zu tun hatten, war Müller meist an ihrer Seite. Manchmal war er stiller Begleiter, manchmal kluger Ratgeber und manchmal sogar einfühlsamer Tröster. Aber eines blieb immer gleich. „Was im Auto erzählt wurde, ging hier rein und dort wieder raus", sagt Müller und deutet sich erst auf das eine und dann auf das andere Ohr. Verschwiegen wie ein Grab – auch wenn sich die Öffentlichkeit die Finger nach Details leckte.

Doch die sollte es nie geben. Auch nicht, wenn er „Fremde" wie Bischof Maria Janssen oder Max Schmeling traf. Oder als er Hinrich Wilhelm Kopf im Dienstwagen aus Hannover abholen musste. Nur so viel: Zurück ging es über die Steuerwalder Straße. Und plötzlich hatte der Ministerpräsident Schmacht auf eine gute Zigarre. Also steuerte Müller die Limousine an den Straßenrand, kaufte für Kopf eine gute Zigarre und steuerte den Wagen dann wieder in Richtung Norden.

Was wenige Tage nach dem Zweiten Weltkrieg begann, hielt fast vier Jahrzehnte. Müller chauffierte die Köpfe des Landkreises bis 1982. Kurz nachdem Michael Schöne seinen Vorgänger Ernst Kipker im Amt ablöste, ging auch Gerhard Müller in den Ruhestand. Den Draht zum Landkreis hat er indes nie verloren. Immer noch kommt er regelmäßig in die Kantine, um bei einer Tasse Kaffee ein Schwätzchen mit den Weggefährten zu halten. Natürlich muss er nicht mehr nach Ochtersum zurück. Dort lernte Müller damals zwar seine Frau kennen, mit der er drei Söhne hat. Aber sie zogen später weg.

Auf einem kleinen Schwarzweiß-Abzug ist Müller im Kreise einer Landkreis-Delegation zu sehen. Man weilte gemeinsam für einige Tage im Zillertal, und als der Fotograf seinen Auslöser drückte, prosteten sich Gäste wie Einheimische gerade mit gefüllten Humpen Bier zu. Auch Gerhard Müller stieß offensichtlich bester Laune mit an – allerdings als Einziger der Runde mit einer Tasse Kaffee. Wahrscheinlich ist es das Zusammenspiel all dieser Eigenschaften, die ihn für fast vier Jahrzehnte zum beliebten Fahrer des Landkreises machten: sein Verantwortungsbewusstsein, die Verschwiegenheit und natürlich nicht zuletzt seine positive Ausstrahlung. Von der, so darf man wohl mit Fug und Recht behaupten, hat der ehemalige Cheffahrer des Landkreises immer noch mehr als genug.

3. DER LANDKREIS HEUTE: MENSCHEN, WIRTSCHAFT UND KULTUR

„Je öder der Acker,
desto reizender die Bewohner"

Das Nord-Süd-Gefälle der Hildesheimer Prominenz

Wer Prominente aufspüren will, schaut einfach ins Telefonbuch unter „P". Dort sind sie alphabetisch aufgelistet. Falls nicht, setzt man eine Annonce in die Zeitung. Dann melden sich alle am nächsten Tag von selbst. Schön wär's. Aber so einfach ist es natürlich ganz und gar nicht. Wer Prominente aufspüren will, hat es manchmal nicht leicht. Denn die, die sich selbst für prominent halten, sind es meist gar nicht. Und die anderen, die man als prominent einstuft, wollen es vielleicht gar nicht sein und meiden deshalb die Öffentlichkeit.

Aber wer ist überhaupt prominent? Wo beginnt im Landkreis Hildesheim ein Status, von dem an man als prominent gelten könnte? Wer sind die unbestrittenen A-Prominenten und wer die so genannten B-Promis? Wer so etwas in Erfahrung bringen will, ruft am besten bei der Zeitung an. Bei der Hildesheimer Allgemeinen Zeitung, Deutschlands ältester noch erscheinender Tageszeitung, kratzen sich die verantwortlichen Redakteure bedeutungsschwanger an den Köpfen, als sie mit dieser Frage konfrontiert werden. Doch die Fachleute haben die Prominenten natürlich längst aufgespürt, die Antworten aus den einzelnen Ressorts lassen deshalb nicht lange auf sich warten. Das Ergebnis überrascht: Prominente gibt es im nördlichen Landkreis ganz viele und im südlichen kaum. Eigentlich würde die Aussage „gar nicht" besser passen. Aber wer will schon den südlichen Landkreis gegen sich aufbringen. Doch jetzt einmal ganz von vorne. Wo ist eigentlich vorne, wenn man von Prominenten berichten will? Zeitlich gesehen? Oder dort, wo die bekannten der Bekanntesten sich aalen? Fangen wir doch einfach mit den weltbekannten an.

Wenn die noch lebenden Hildesheimer A-Promis aufeinandertreffen, könnte sich zum Beispiel folgendes Gespräch entwickeln, in New York, Paris oder Berlin:

„Ich habe gehört, Sie stammen auch aus dem Landkreis Hildesheim? Wollen Sie vielleicht heute Abend gemeinsam mit mir, Kofi Annan und George W. Bush zu Abend essen?"

„Nein, vielen Dank, ich bin heute Abend schon mit Brad Pitt und Angelina Jolie zum Mau-Mau-Spielen verabredet. Aber wie wäre es denn morgen?"

„Morgen ginge auch, wenn Sie damit einverstanden sind, dass Wladimir Putin und Tony Blair dazukommen."

„Von mir aus. Aber dann bringe ich noch Sean Connery und Michael Douglas mit. Oh, sehen Sie mal, da kommt jemand, der ebenfalls im Raum Hildesheim groß geworden ist."

„Das muss aber lange nach mir gewesen sein."

„Das täuscht, der hat sich einfach gut gehalten. Hallo, Du kommst doch auch aus Hildesheim, oder?"

„Ja, aus Sarstedt, warum?"

„Ich stamme aus Algermissen, lebte zuletzt im Harsumer Ortsteil Asel, und er hier hat mehrere Jahre in Sarstedt gelebt."

„Meine Schwester wohnt heute immer noch in Ahrbergen."

„Meine Eltern in Algermissen."

„Und meine Mutter in Sarstedt."

„Dann können wir uns doch eigentlich auch duzen, oder?"

„Meinetwegen, ich bin der Rudolf."

„Ich heiße Diane."

„Und ich bin der Harald, nennt mich einfach Harry, das haben meine Eltern damals auch schon immer getan."

Harald Kujat

Rudolf Schenker (rechts)

Diane Kruger

Georg Baselitz

Thomas Quasthoff

Würde sich Harald Kujat wirklich duzen lassen? Wohl eher nicht, denn wer einmal Vier-Sterne-General und ranghöchster Soldat Deutschlands war, lässt sich sicher nicht mehr so schnell duzen. Seinen Job als Generalinspekteur der Bundeswehr gab er 2002 ab. Allerdings verzögerte sich sein Ruhestand noch um drei Jahre, denn Kujat wurde Vorsitzender des Militärausschusses der Nato in Brüssel. Und wer derartige Spitzenpositionen bekleidet, wahrt in der Regel Abstand, auch wenn er in der Ferne auf alte Bekannte trifft. Das wäre bei Rudolf Schenker und Diane Kruger sicher anders. Beide kommen aus dem künstlerischen Bereich, da gehört es mitunter zum guten Ton, sich zu duzen. Das Trio Kujat, Schenker und Kruger könnte man wohl mit Fug und Recht als erste Garde der Landkreis-Prominenz bezeichnen. Kujat, der über das Wohl und Wehe von Hunderttausenden Soldaten bestimmte, Kruger, die inzwischen an der Seite berühmter Hollywood-Schauspieler zu sehen ist, und Schenker, der als Gründer und Kopf der Rockformation Scorpions um die Welt jettet. Haben wir jemanden vergessen? Ja, sie Banause, werden Kunst- und Kulturfreunde rufen: Georg Baselitz und Thomas Quasthoff natürlich. Und sie haben selbstverständlich Recht. Auch der zeitgenössische Maler, dessen Werke stets kopfüber daher kommen, und der Ausnahmesänger, dessen Bass einst in Hildesheimer Rockgruppen erklang, haben Weltniveau. Baselitz kehrte dem Landkreis Hildesheim nach mehreren schaffensreichen Jahrzehnten in Derneburg vor zwei Jahren den Rücken. Er verkaufte sein 80-Zimmer-Schloss Derneburg, wo er auch schon mal mit seinen Nachbarn Streit anfing, für knapp drei Millionen Euro und zog in die Ferne (wo er auch schon wieder Streit angefangen haben soll). Und Thomas Quasthoff? Der Bassbariton und Professor für Gesang wurde am 9. November 1959, dem Jahr, als Harald Kujat die Mittelschule in Sarstedt verließ und in die Welt aufbrach, in Hildesheim geboren. Wegen seiner Contergan-Behinderung hatte er es nicht immer ganz einfach. Aber die Stimme des kleinen Mannes aus Hildesheim war schon in jungen Jahren einmalig. Das mussten auch Kritiker neidlos anerkennen. Heute reißen sich die großen Opernhäuser der Welt um den 48-Jährigen. Und Preise und Auszeichnungen hat er bis heute einstreichen können, für die andere sämtliches Hab und Gut verkaufen würden. Zum Beispiel mehrere Grammys, den europäischen Kulturpreis sowie das Bundesverdienstkreuz, um nur einige wichtige zu nennen.

Wer sich auf die Suche nach den Spuren der Prominenten macht, wird allerorten fündig. Zum Beispiel in Sarstedt-Giebelstieg, wo Ursula Schenker, Mutter von Rudolf und seinem kaum weniger bekannten Bruder Michael, die Erinnerung an ihre Kinder und deren Anfänge in einem kleinen aber charmanten Familienmuseum wahrt. Hier hängen sie, die Plakate aus den 60er Jahren, als die Scorpions noch aussahen wie die Beatles und am Abend zum Tanztee in den Festzelten der Umgebung aufspielten. Ursula Schenker hat das Bild noch vor Augen, als die Gruppe, Verstärker und Instrumente auf dem Bollerwagen, in Richtung Giftener See zog. „Dort konnten die Jungs so richtig Krach machen." Das tun sie bis heute, denn die Scorpions sind eine Hardrock-Band, die nichts von ihrem Giftstachel made in Sarstedt eingebüßt hat.

Dort, wo Rudolf Schenker damals, die Gitarre umgehängt, durch die Straßen strich, um neue Auftrittsorte für seine Band zu erkunden, turnte auch Harald Kujat einige Jahre zuvor durch die Gegend. Zum Beispiel in der Hildesheimer Straße, denn dort befinden und befanden sich nicht nur zahlreiche Kneipen, hier lebte auch Harald Kujat. Später zog er mit seinen Eltern in die Voss-Straße, die durch Giebelstieg führt. In einer Seitenstraße hiervon wuchsen Rudolf und Michael Schenker auf. Der spätere General lebte seit 1947 in Sarstedt. In der Stadt zwischen Hildesheim und Hannover werden die Erinnerungen an den Soldaten immer noch liebevoll gepflegt. Zum Beispiel bei Ingrid und Walter Gleitz. Sie hatten 1948 geheiratet. Ein kleiner Steppke streute damals die Blumen für das Paar: Harald Kujat im zarten Alter von sechs Jahren.

So ähnliche Fotos gibt es auch von Diane Kruger. Diane Heidkrüger, unter diesem Namen wuchs der heutige Hollywood-Star in Algermissen auf, besuchte die Marienschule in Hildesheim, machte sich allerdings vor der Reifeprüfung auf und davon und stürzte sich in ihre Karriere als Fotomodell und Schauspielerin. Ob sie damals wohl Privatunterricht bei Bruno Eierund bekam, der ebenfalls in Algermissen groß wurde? Wohl kaum, schließlich trennen die beiden Schauspieler rund 20 Jahre. Dennoch schaffte auch Eierund den Sprung ins Fernsehen, wenn auch überwiegend ins deutsche. Dort setzte er sich seit 1998 in 74 Folgen als Fernsehkommissar „Balko" für Recht und Gesetz ein – damals allerdings schon unter seinem Künstlernamen „Eyron". Doch mit dem Gesetz geriet er auch immer wieder in Konflikt. Zum Beispiel, als die Polizei ihn mit Rauschgift erwischte.

Bruno Eierund (rechts)

Harald Kujat spielte in verschiedenen Sarstedter Jugendmannschaften Fußball. Fußball, das war auch schon damals das Hauptbetätigungsfeld von Mirko Slomka. Der Mann, der heute den Bundesligisten Schalke 04 trainiert, machte 1987 am Gymnasium Sarstedt Abitur. Da hatte der junge Kujat schon sein Glück in der Ferne gesucht. Er ging gleich nach der Schule zur Bundeswehr, machte sein Abitur in einer Abendschule nach und begann seine steile Karriere bei den Soldaten. Kujat kommt eher selten in die Gegend, höchstens mal, wenn er seine Schwester in Ahrbergen besucht. Slomka hingegen taucht öfter auf – wenn er sehen will, wie sich seine ehemalige Mannschaft des TuS Lühnde, in der er einst kickte, heute schlägt. Und der Trainer, der im September 41 Jahre alt wird, will natürlich seine Eltern Karl-Heinz und Edeltraut regelmäßig treffen, die immer noch in Lühnde leben. Einige Jahre verbrachte übrigens auch Torwart Raphael Schäfer in Hildesheim. Der im Januar 1979 geborene Fußballer kam als Sechsjähriger nach Hildesheim. Von 1988 bis 1993 spielte er für den SC Drispenstedt. Dann ging er zu Hannover 96, wo er als Jugendspieler unter anderem von Mirko Slomka trainiert wurde. Heute ist Schäfer Stammtorwart beim VfB Stuttgart.

Mirko Slomka

Die Spuren der Prominenz finden sich im Nordkreis geballt. Immer wieder tauchen die Stadt Sarstedt und die Gemeinde Algermissen auf. Wer auf der Bundesstraße 6 von Hannover nach Hildesheim fährt, passiert zum Beispiel auf der kleinen Sarstedter Anhöhe, gleich nach der Villa Steinberg, die einst Gauleiter Hartmann Lauterbacher als Schutz vor den alliierten Bombern aufsuchte, ein hübsches China-Restaurant. Hier lebte und bewirtete bis vor wenigen Monaten die einzige Frau des Landkreises, die sich wohl damit brüsten konnte, James Bond den Weg gewiesen zu haben. Francisca Tu spielte an der Seite von Sean Connery in „Man lebt nur zweimal" – eine kleine Nebenrolle zwar, aber richtungsweisend eben. Bedeutender war ihr Anteil an einem weiteren Streifen: An der Seite von Gregory Peck gab die gebürtige Chinesin die Hauptrolle in „Der gefährlichste Mann der Welt". Der Region Hildesheim hat die bekannte Schauspielerin und Herrin über zahlreiche Köstlichkeiten allerdings inzwischen den Rücken gekehrt. Sie zog nach Berlin.

Francisca Tu (rechts)

Ebenfalls nicht mehr in Hildesheim wohnt Carsten Maschmeyer, der 1978 als einer der Ersten an der Robert-Bosch-Gesamtschule seine Abiturprüfung ablegte. Der Chef des Allgemeinen Wirtschaftsdienstes AWD ist heute eine schillernde Persönlichkeit. Immer wieder im Fokus des öffentlichen Interesses: mal als Gönner, mal als Freund und Vertrauter des ehemaligen Bundeskanzlers Gerhard Schröder – und mal einfach nur als einer der reichsten Männer Deutschlands. Deutlich weniger auf dem Konto, aber mindestens genauso viel Einfluss auf den damaligen Bundeskanzler Schröder dürfte Hermann Rappe gehabt haben. Der ehemalige Gewerkschaftsboss der damaligen IG Chemie, Papier, Keramik und Bundestagsabgeordnete darf man wohl ohne schlechtes Gewissen ein echtes Urgestein der SPD nennen. Er trat bereits vor 60 Jahren in die Partei ein. Zuletzt gehörte er gemeinsam mit Christine Bergmann und Kurt Biedenkopf dem Hartz-IV-Ombudsrat an, der sich um Probleme mit der Arbeitsmarktreform kümmerte.

Überhaupt die Politiker. Heute vertreten der Sozialdemokrat Bernhard Brinkmann aus Dinklar sowie die Hildesheimer Eckart von Klaeden (CDU) und Brigitte Pothmer (Grüne) die Region Hildesheim im Bundestag. Sie sind derzeit sozusagen die Polit-Promis des Landkreises. Vor ihnen gab es natürlich viele andere. Und jeder von ihnen war auf seine eigene Art sicherlich hervorragend, bedeutend oder maßgebend. Aber auf kaum jemanden werden die Lexikon-Definitionen besser passen, als auf den gebürtigen Algermissener Dr. Heinrich Krone. Krones Lebensweg hat sich vor fast zwei Jahrzehnten geschlossen. Aber in Algermissen sind die Erinnerungen an ihn kaum verblasst – schließlich galt Krone einst als enger Vertrauter Konrad Adenauers. Als Sonderminister in dessen Kabinett hielt er dem ehemaligen Kölner Oberbürgermeister den Rücken frei. Helmut Kohl nannte ihn einmal eine „Schlüsselfigur der deutschen

Carsten Maschmeyer

Dr. Heinrich Krone (links) im Gespräch mit Bundeskanzler Dr. Konrad Adenauer

Alle Fotos dieses Beitrages: Archiv HAZ

Gebäude des Theaters für Niedersachsen (TfN) in Hildesheim

Politik". Und eine große deutsche Tageszeitung schrieb zu seinem 85. Geburtstag: „Wie eine uralte Eiche, groß und knorrig, steht er in einer Zeit, in der die jüngere Generation nicht einmal ahnt, dass er einst einer der wichtigsten und einflussreichsten Männer der CDU gewesen ist."

Als Heinrich Krone Algermissen verließ, waren spätere Stars wie Diane Kruger und Bruno Eyron noch lange nicht geplant. Und von dem halben Dutzend Schönheitsköniginnen, das inzwischen in der Gemeinde groß geworden ist, lebten höchstens die Urgroßmütter. Wobei immer noch nicht die Frage geklärt ist, warum denn eigentlich im Norden des Landkreises die Prominenten wie die Pilze aus dem Boden schießen, während im Süden Ebbe herrscht. Die naheliegendste Antwort wäre, dass solche Menschen die Nähe zur Landeshauptstadt Hannover suchen, die ja von Sarstedt oder Harsum nur noch einen Steinwurf entfernt ist. Den wohl charmantesten Versuch einer Erklärung für die vielen Schauspieler und anderen Künstler hat aber Thomas Wedig gefunden. Der Redakteur der Hildesheimer Allgemeinen betreut den nördlichen Landkreis seit vielen Jahren. „Wächst die Attraktivität der Menschen vielleicht reziprok proportional zur Attraktivität der Landschaft? Auf Deutsch: je öder der Acker, desto reizender die Bewohner?"

*Feld mit Strohballen
bei Winzenburg
(Foto: Helmut Langenbach)*

Wachsen und Weichen –
Hildesheimer Landwirtschaft im Wandel

Bauern bzw. Landwirte haben einen der ältesten Berufe der Welt. Jahrhunderte lang erzeugten die Bauernfamilien vor allem das, was sie selbst benötigten. Viele Arbeiten in der Landwirtschaft mussten von Hand erledigt werden. Vor ca. 150 Jahren kamen die ersten Dampfmaschinen aufs Land, vor 75 Jahren die ersten Traktoren. Die Motorisierung veränderte die Landwirtschaft in den vergangenen 50 Jahren mehr als in 1000 Jahren zuvor. Agrarproduktion war früher fast ausnahmslos Handarbeit. 1949 waren mehr als 1,4 Millionen Menschen in Niedersachsen in der Landwirtschaft tätig, heute sind es noch ungefähr 120.000 Beschäftigte. Von damals mehr als 300.000 Betrieben in Niedersachsen haben nur rund 50.000 überlebt. Was die Agrarpolitiker als „Strukturwandel" bezeichnen, ging einher mit Betriebsgrößenwachstum und mit Leistungssteigerungen in der Landwirtschaft, die Niedersachsen den Titel „Agrarland Nummer 1" eintrugen.

Die Landwirtschaft in Niedersachsen produziert gesunde und qualitativ hochwertige Lebensmittel, sie erzeugt Energie und nachwachsende Rohstoffe und sie pflegt und erhält die Kulturlandschaft. Nach der Autoindustrie ist die Land- und Ernährungswirtschaft der zweitwichtigste Wirtschaftsbereich im Land. Sie erzielte in den letzten Jahren eine Bruttowertschöpfung von ca. 2,7 Mrd. Euro jährlich und bot mit dem vor- und nachgelagerten Wirtschaftsbereichen ca. 250.000 Menschen Arbeit.

Die natürlichen Voraussetzungen für die niedersächsische Landwirtschaft sind regional sehr unterschiedlich. Die besten Böden befinden sich im Bergvorland des südlichen Niedersachsens und auf den fruchtbaren Löß-Standorten der Hildesheimer Börde. Die Bördeböden sind die fruchtbarsten, die es in Deutschland gibt. An ihrer Qualität werden alle Böden in Deutschland gemessen. Aufgrund der Bodenqualitäten in der Region Hildesheim ist der Ackeranteil sehr hoch und es können anspruchsvolle Kulturen wie Zuckerrüben und Weizen angebaut werden.

Böden und Bodennutzung im Landkreis

Die Gesamtfläche des Landkreises Hildesheim beträgt ca. 1200 km² oder 120.000 ha. Von dieser Fläche werden 29.000 ha als Wald genutzt, d. h. fast ein Viertel der Gesamtfläche. Der höhere Anteil liegt auf den schwächeren Standorten im Südkreis. Wald steht in der Regel auf Böden, die ackerbaulich nicht zu nutzen sind. Nach Abzug von Gebäude – und Verkehrsflächen verbleiben ca. 70.000 ha landwirtschaftliche Nutzfläche (LF), die in etwa zu 65.000 ha als Ackerland und zu 5.000 ha als Grünland genutzt werden.

Ein Großteil der Böden des Kreises Hildesheim steht auf Löß. Das geschlossenste Gebiet befindet sich westlich, nördlich und östlich von Hildesheim. Hinzu kommt das Gronauer Becken, die Senke zwischen Thüster/Duinger Berg und Külf, zwischen Hildesheimer Wald und Sieben Berge/Sackwald und der Ambergau. Es sind die sehr fruchtbaren Schwarz- und Braunerdeböden. In den Flussniederungen sind es Aueböden und an den Berghängen haben sich weitgehend Kalksteinverwitterungsböden entwickelt, die je nach Mächtigkeit der Ackerkrume unterschiedlich fruchtbar sind.

Betriebsstrukturen früher und heute

Rittergut Garmissen.
Inschrift von 1909:
Wie es die Alten früher erdacht,
so haben wir es neu gemacht
(Foto: Archiv HAZ)

Wo früher viele Menschen auf den Höfen und in den Dörfern von und mit der Landwirtschaft lebten, ist heute nur noch ein sehr geringer Teil der dörflichen Bevölkerung direkt in der Landwirtschaft beschäftigt. Von ehemals vielen Beschäftigten auch auf den Höfen ist heute vielfach nur noch der Betriebsleiter, mit Unterstützung der Familienangehörigen tätig. Neben dem Schwund der Arbeitskräfte ist auch die Zahl der Betriebe in den vergangenen Jahrzehnten deutlich zurückgegangen. Mit der Wiedervereinigung Deutschlands 1990 hat sich der Strukturwandel in der Landwirtschaft nochmals verschärft. Im Vergleich zu den Neuen Bundesländern und auch im internationalen Vergleich sind die Betriebs- und Tierbestandsgrößen der in Hildesheim wirtschaftenden Betriebe als eher klein zu bezeichnen.

Waren 1950 im Landkreis Hildesheim noch ca. 5200 landwirtschaftliche Betriebe vorhanden, so hat sich diese Anzahl bis heute auf 1090 Betriebe reduziert. In gut 50 Jahren hat die Anzahl der landwirtschaftlichen Betriebe somit um über 75 % abgenommen. Zurzeit geben im Landkreis Hildesheim jährlich ca. 40-50 Betriebe auf, was einem Strukturwandel von 4-5 % entspricht.

Seit einigen Jahren nimmt nur noch die Zahl der Betriebe über 75 ha zu (Wachstumsschwelle). 375 Hildesheimer Betriebe liegen über dieser Wachstumsschwelle.

Bewirtschaftete ein Betrieb 1950 im Mittel ca.16 ha, so sind es heute ca. 64 ha, die einem Hildesheimer Landwirt zur Verfügung stehen. Zwangsläufig steigt damit der Pachtanteil der Betriebe an.

Während 1960 ein Landwirt etwa 17 Personen mit Nahrungsmitteln versorgte sind es heute über 130 Personen.

Die größeren Betriebe konnten erst zunehmen, seit in der Landwirtschaft ausgereifte technische Verfahren zur Verfügung standen. Bei zunehmender Industrialisierung standen nicht mehr ausreichend Arbeitskräfte für die Landwirtschaft zur Verfügung. Durch das höhere Lohnniveau in der Industrie wanderten die Arbeitskräfte in die Industrie ab.

Von den 1090 Betrieben, die im Jahr 2007 für den Landkreis Hildesheim ausgewiesen sind werden ungefähr noch knapp 50% als Haupterwerbsbetriebe bewirtschaftet. Die Entwicklung zu stets größeren Einheiten mag man bedauern, aber Alternativen gibt es wegen der Vorgaben durch die EU kaum.

Daher wird die landwirtschaftliche Nutzung der guten Ackerflächen im Landkreis weiter überwiegend mit hoher Intensität erfolgen. Unerlässlich sind in jedem Fall der Erhalt und die Fortentwicklung eines standortangepassten, ökonomisch und ökologisch akzeptablen Ertragsniveaus. Die Betriebe haben den Zwang zur Kostensenkung und Ertragssteigerung erkannt und werden dieses Ziel weiter verfolgen, um den Betrieb als Einkommensmöglichkeit für die Familie zu erhalten.

Viele Betriebe mit geringerer Flächenausstattung versuchen durch Direktvermarktung, Ferien auf dem Bauernhof, Hofcafés, Partieservice oder kommunale Dienstleistungen ein zweites Standbein aufzubauen. Bis dato haben sich im Landkreis 14 Betriebsleiter entschlossen, ihren Betrieb auf eine ökologische Wirtschaftsweise umzustellen, wobei die meisten dieser Landwirte bereits viele Jahre nach ökologischen Kriterien wirtschaften.

Mit dem Ziel der Existenzsicherung wird ein Großteil der heutigen Betriebe, um Effekte der Kostendegression zu erzielen, ein Wachstum in der Betriebsgröße anstreben. Dieses wird zumindest kurzfristig in den meisten Fällen nicht über klassische Formen des Betriebswachstums wie Pachten oder Kauf erfolgen können. Es werden sich aus Gründen der Wirtschaftlichkeit zunehmend betriebliche Kooperationsformen bilden. Diese Kooperationen reichen von Maschinengemeinschaften, Betriebszweiggemeinschaften bis zu sog. Vollfusionen in einer Betriebs- GbR oder anderen Rechtsformen. Diese Entwicklung hat bereits heute im Landkreis Einzug gefunden.

Eine weitere Gruppe der Betriebe wird versuchen, die Existenzsicherung über eine Spezialisierung in bestimmten Betriebszweigen zu betreiben (z. B. Viehhaltung, Direktvermarktung, Sonderkulturen). Auch der Einstieg in die Produktion erneuerbarer Energien ist ein zukunftsträchtiges Betätigungsfeld.

Andere Betriebe werden durch die sich verschärfenden Rahmenbedingungen vom Haupterwerb in den Nebenerwerb übergehen, was überwiegend im Generationswechsel erfolgt.

Bestehende Nebenerwerbsbetriebe werden häufig einzelne Arbeitsgänge bis hin zur gesamten Bewirtschaftung an Berufskollegen abgeben oder aber ihre Betriebe verpachten.

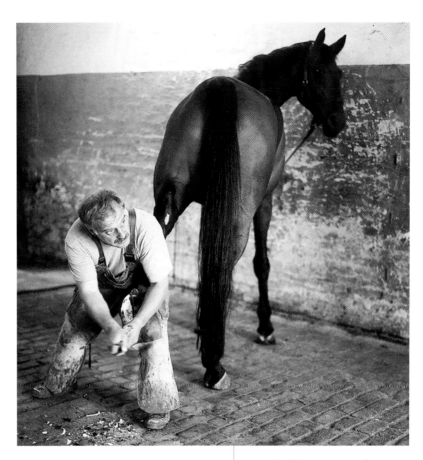

Meister seines Fachs:
Ein Hufschmied in Steuerwald
(Foto: Archiv HAZ)

*Rübenernte in Heersum
(Foto. Kreisarchiv / Pressestelle
Landkreis Hildesheim)*

Der Ackerbau prägt die Region

Auf Grund der fruchtbaren Böden im Hildesheimer Land hat die Region den heute eingeschlagenen Weg der starken Ausrichtung als reine Ackerbaubetriebe beibehalten. Daher fühlt sich die anspruchsvollste Kulturpflanze, nämlich die Zuckerrübe, im Landkreis Hildesheim zu Hause. Die „Königin der Feldfrüchte" wird auf etwa 20 % der Ackerfläche angebaut. Im Nordkreis liegt der Anteil höher als im Südkreis. Damit gehört Hildesheim zu den Regionen mit dem dichtesten Zuckerrübenanbau in Deutschland. Auf allen vergleichbaren Standorten in Deutschland ist die Zuckerrübe Leitkultur, wie in der Magdeburger Börde, der Köln-Aachener Bucht, der Soester Börde und des Würzburger/Regensburger Raumes.

Die Rübe ist eine recht junge Kulturpflanze. Bis in die 50er Jahre hinein wurde ein ganzes Saatgutknäuel ausgesät. Die Pflanzen wurden dann mit der Handhacke versetzt und danach auf den Knien kriechend verzogen. Die Jahrgänge bis etwa 1940 werden sich daran noch mehr oder weniger gerne erinnern.

Danach wurde das mehrsamige Rübenknäuel (5-7 Samen je Knäul) technisch zertrümmert und mit Einzelkornsägeräten bei einem Reihenabstand von 45 oder 50 cm auf etwa 8-11 cm abgelegt. Mit einer Handhacke wurde dann der Bestand auf 6-7 Pflanzen je Quadratmeter reduziert.

Seitdem die genetisch einkeimigen Rüben auf dem Markt sind, wird das Rübensaatgut auf Endabstand abgelegt. Es werden 100.000 – 110.000 Pillen je ha ausgesät, die bei 80 – 90 % Feldaufgang den heute gewünschten Bestand ergeben.

Die Züchtung von leistungsfähigen Sorten, die Entwicklung von Pflanzenschutzmitteln und modernster Maschinen haben den Arbeitsaufwand in den letzten 50 Jahren im Zuckerrübenanbau um ein Vielfaches gesenkt. Früher waren allein für die Ernte und das Verladen der Rüben bis zu 200 Arbeitskraftstunden/ha erforderlich. Mit der

Arbeit für Aussaat, Vereinzeln, Hacken und sonstige Pflege kamen bei ungünstigen Bedingungen schnell 500 Stunden zusammen. Viehhaltende Betriebe kamen durch die zusätzliche Blattbergung und Mietenanlage teilweise sogar auf weitaus höhere Stundensätze. Heute werden bei voller Nutzung der zur Verfügung stehenden Technik ca. 20 Stunden je ha benötigt.

Allein in den letzten Jahren hat sich die Rübenernte vom 1-2 reihigen Roder rasant zum 6-Reiher-Selbstfahrer entwickelt. Die Zuckerrübenerträge sind im Landkreis von 1960 von 416 dt/ha auf 593 dt/ha im Mittel der Jahre 1999-2004 gestiegen. Diese Erntemenge entspricht mehr als 100 dt/ha Zucker.

Bei einem Zuckerverzehr von 34,0 kg je Kopf der Bevölkerung können von einem Hektar über 300 Personen mit Zucker versorgt werden. Demnach würde der Zucker von im Landkreis Hildesheim erzeugten Rüben für über 4,0 Mio. Menschen reichen.

Aufgrund der EU-Marktordnung waren Zuckerrüben lange Zeit eine sichere Einkommensquelle. In den Jahren 2006 bis 2009 wird als Folge der WTO-Verhandlungen die Reform der Zuckermarktordnung umgesetzt, die deutliche Rübenpreisreduzierungen zur Folge hat und die Rentabilität des Zuckerrübenanbaus in die Nähe der des Weizens verschiebt.

Alternative Einkommensquellen werden durch den Anbau von Energiepflanzen erschlossen. So werden seit diesem Jahr Rüben auch zu Bioethanol weiterverarbeitet.

Weil die Zuckerfabriken eng mit der Landwirtschaft verbunden sind seien einige Ausführungen zu deren Struktur angemerkt:

1900 gab es in Deutschland 402 Zuckerfabriken, 1990 existierten im Bundesgebiet noch 79 Fabriken, heute sind es 6 Unternehmen mit 26 Einzelwerken. Mit einer Ausnahme sind es Aktiengesellschaften.

1949/50 existierten im heutigen Kreisgebiet noch 11 Fabriken, von denen als einzige Nordstemmen übrig geblieben ist.

Der Zuckerrübe folgt in der Bedeutung und in den Ansprüchen an den Boden der Winterweizen. Was seinen Anbauumfang betrifft, so steht er mit ca. 35.000 ha weit vor der Zuckerrübe. Er nimmt über die Hälfte der gesamten Ackerfläche des Landkreises ein. Der Weizen ist neben Mais und Reis das Getreide, von dem auf der Welt am meisten erzeugt wird, nämlich etwa 600 Mio. t. Davon wird 1/6 in der EU erzeugt. In den letzten 25 Jahren hat die Weltgetreideerzeugung jährlich um 30 Mio. t zugenommen. Für das Bevölkerungswachstum wären 40 Mio. t nötig. Die drei Hauptgetreidearten liefern 60 % der weltweit benötigten Nahrungsenergie. Mit weitem Abstand folgen Zucker und Öle/Fette mit je 8 %.

Fachwerkbau in Oedelum
(Foto: Archiv HAZ)

Die Getreideerzeugung im Landkreis reicht für ca. 700.000 Menschen, die Einwohnerzahl des Landkreises Hildesheim beträgt 290.000.

Im Landkreis Hildesheim existiert übrigens seit einigen Jahren eine Erzeugergemeinschaft für Qualitätsgetreide (QEG) mit Sitz in Machtsum. Etwa 100 Landwirte lagern und vermarkten ihr erzeugtes Getreide gemeinsam, um am Markt so eine bessere Position zu erlangen.

Als weitere Getreideart neben Weizen werden im Landkreis ca. 6.000 ha Wintergerste angebaut. Ihr Anbau hat in den letzten Jahren stets zugunsten des Weizenanbaus abgenommen, weil dieser leistungsfähiger ist. Der Vorteil der Gerste ist u. a. die mehrere Wochen frühere Ernte, die Auflockerung der Fruchtfolge und das Brechen von Arbeitsspitzen. Durch die frühere Ernte lassen sich Mähdreschkapazitäten besser auslasten und Zwischenfrüchte können früher ausgesät werden. Die Wintergerste wie auch der Roggen werden in der Regel als Schrot in Futtermischungen für die Schweinemast verwandt.

Alle anderen Früchte wie z. B. auch Winterraps und Kartoffeln führen bei uns in Bezug zum Flächenumfang weitestgehend ein Schattendasein. Der Raps ist vor allem im Südkreis auf den schwächeren Böden konzentriert und vermittelt während seiner Blühphase durch die weithin sichtbare gelbe Farbe der Blüten den Eindruck, er sei vorherrschend. Durch die Möglichkeit, Raps als Nachwachsenden Rohstoff auf Stilllegungsflächen anzubauen wurde der Rapsanbau auf zurzeit 4.000 ha ausgedehnt.

Der Kartoffelanbau hat in den letzten Jahren wieder zugenommen. Die Kartoffeln werden zur Pommes-Herstellung und als Speisekartoffeln produziert. Landwirte, die sich auf den Anbau von Speisekartoffeln spezialisiert haben, erzeugen vorzügliche Qualitäten.

Von 800 ha Kartoffeln im Landkreis werden ca. 700 ha über die Kartoffelerzeugergemeinschaft (KEG) mit Sitz in Oedelum angebaut. Die KEG produziert zurzeit Pommes-Kartoffeln für die Firma Stöver. Die Kartoffeln werden in einer großen Lagerhalle in Schellerten bis zur Verarbeitung zwischengelagert.

Gegenüber früher haben Roggen, Triticale, Sommerweizen, Sommergerste und Hafer stark an Bedeutung verloren. Beim Hafer war die Abnahme der Pferdehaltung neben dem geringen Ertragsniveau ein Grund; beim Roggen spielten marktwirtschaftliche und ertragliche Gründe eine Rolle. Sommergerste und Sommerweizen erreichen ebenfalls nicht den Ertrag der jeweiligen Wintergetreideart und kommen nur noch zum Zug, wenn die Boden- bzw. Witterungsverhältnisse keine Herbstaussaat zulassen, bzw. wenn die Wintersaaten „auswintern", d. h. erfrieren.

Der Grünlandanteil hat sich gegenüber 1960 mehr als halbiert, was seine Ursache vor allem im Rückgang der Viehhaltung findet. Fakultatives Grünland, d. h. Grünland, welches auch ackerbaulich genutzt werden kann wurde umgebrochen und wird heute vor allem mit Getreide bebaut. Absolutes, d. h. nicht ackerfähiges Grünland ist z. T. an Nichtlandwirte, z. B. für die Pferdehaltung abgetreten worden.

Bei Landwirt Aue in Bettmar sind Kühe noch glücklich. Simon und Franziska Aue mit Hofhund Max und Kühen (Foto: Kreisarchiv / Pressestelle Landkreis Hildesheim)

Die Bedeutung der Viehhaltung im Landkreis Hildesheim

Die Hildesheimer Börde ist ein vorzüglicher Ackerbaustandort, daher hatte die Viehhaltung immer eine vergleichsweise geringere Bedeutung. Dies ist in allen bevorzugten Ackerbauregionen in Deutschland der Fall. Trotzdem hat es stets namhafte Rinder- und Schafzüchter gegeben, deren Zuchterfolge weit über die Kreisgrenzen hinaus bekannt wurden.

Ein gewisser Anstieg in der tierischen Produktion in der Region Hildesheim wäre allerdings aus Gründen der Betriebserhaltung und auch aus umweltpolitischen Gründen wünschenswert.

Ca. 190 Betriebe halten im Landkreis noch 7.000 Rinder, davon sind es 2.200 Milchkühe in weniger als 70 Betrieben. Die durchschnittliche Bestandesgröße beträgt bei Milchkühen demnach 31 je Betrieb. Die Milchkuhbestände sind seit Jahren rückläufig, in den 50er Jahren wurden noch etwa 25.000 Stück gehalten. Die Milchleistung hat sich in den letzten 30 Jahren auf heute etwa 7000l/Kuh und Jahr gesteigert.

In der Schweinehaltung sehen die Verhältnisse ähnlich aus. 130 Betriebe halten noch 36.000 Mastschweine und 50 Landwirte halten ca. 4.000 Sauen. Jeder Betrieb hält somit durchschnittlich 275 Mastschweine oder 80 Sauen. In der Nachkriegszeit wurden jährlich doppelt soviel Schweine im Landkreis gemästet wie heute.

Die Geflügelhaltung auf unseren landwirtschaftlichen Betrieben ist überwiegend dem Hobbybereich zuzuordnen. Nur wenige Betriebe sehen hierin einen wirtschaftlichen Betriebszweig und haben größere Geflügelbestände aufgestallt.

Die Akzeptanz der Tierhaltung durch die unmittelbar betroffenen Dorfbewohner ist mittlerweile ebenfalls als schlecht einzustufen, was für den Landwirt, der in der Sozialstruktur des Dorfes stark eingebunden ist, eine zusätzliche Problematik darstellt. Des Weiteren fehlt aber auch vielen jüngeren Betriebsleitern oftmals bereits die Motivation, in der Tierhaltung tätig zu sein.

Bioenergie - dynamisch und zukunftsweisend?

Eigentlich sind sie ein alter Hut, aber nachwachsende Rohstoffe sind heute mit Hilfe moderner Technologien und staatlicher Unterstützung zu einem echten Zukunftsmarkt geworden.

Nicht nur der Anbauumfang wird von Jahr zu Jahr größer, auch das Spektrum der Anwendungsbereiche nachwachsender Rohstoffe weitet sich aus.

Im Landkreis werden seit mehreren Jahren Raps (Pflanzenöl) und Weizen (Ethanol) als Nachwachsende Rohstoffe angebaut. Zuletzt kamen Silomais für Biogasanlagen und Zuckerrüben zur Ethanolgewinnung hinzu.

Während Pflanzenöl und Biodiesel für Dieselmotoren geeignet sind, kann Bioethanol Benzin und Superkraftstoffe ersetzen. Derzeit wird intensiv an der Herstellung von

Biogasanlage: Vorbild Kuhmagen

Stall · Wohnhaus · Gewächshaus · Nahwärme

Gülle · Wärmespeicher · Wärme · Blockheizkraftwerk · Strom · öffentliches Stromnetz

Biogas

Zwischenspeicher · Fermenter · vergorene Gülle

nachwachsende Rohstoffe · Mischbehälter · Aufbereitung · landwirtschaftliche Verwertung

Die Technik einer Biogasanlage ist der Natur abgeschaut und gleicht einem riesigen Kuhmagen. Im luftdicht abgeschlossenen Fermenter entsteht durch Gärung Biogas. Das zurückbleibende Substrat kann als Dünger in der Landwirtschaft eingesetzt werden (Grafik: Kreisarchiv / Pressestelle Landkreis Hildesheim)

synthetischen Kraftstoffen aus Biomasse geforscht. Hier dürfte mittelfristig der nächste Zukunftsmarkt entstehen.

Während Rüben, Weizen und Raps als nachwachsende Rohstoffe nicht ins Rampenlicht rücken, da sie als Kultur schon seit jeher bei uns wachsen verhält es sich mit dem Mais etwas anders. Bis vor wenigen Jahren wurde im Landkreis zur Futternutzung ein Maisanbau im Umfang von ca. 300 ha betrieben.

Inzwischen sind rund 20 Biogasanlagen im Landkreis in Betrieb bzw. im Bau. Auch jenseits der Kreisgrenze entstehen mehrere Anlagen, die das Anbauverhalten hiesiger Landwirte verändert.

Jede Biogasanlage benötigt für eine ganzjährige kontinuierliche Beschickun ca. 200-250 ha Fläche. Hier werden vor allem Silomais, aber auch Grünroggen, Sonnenblumen und andere geeignete Pflanzen angebaut, Zukünftig werden als rund 3.000 bis 4.000 ha Silomais auf ungefähr 5% der landwirtschaftlichen Nutzfläche anzutreffen sein.

Ausblick

Die Landwirtschaft hat in den letzten 50 Jahren eine rasante Entwicklung erfahren, die wohl gravierender war als in Industrie und Gewerbe. Dies geschah weitgehend unbeobachtet von der Öffentlichkeit und blieb auch politisch ohne nennenswerte Begleitung. In der Regel erfolgte die Betriebsaufgabe oder die Wandlung vom Haupterwerbs- zum Nebenerwerbsbetrieb mit dem Erreichen der Altersgrenze des Betriebsleiters oder kurz davor. Die Erbengeneration hatte sich schon frühzeitig beruflich anders orientiert, um auch in Zukunft ein sicheres und ausreichendes Einkommen erzielen zu können. Diese Generationenmobilität wird auch weiterhin die wesentliche Triebfeder des Agrarstrukturwandels sein.

Mit der EU-Agrarreform von 1992 wurden die Preise für landwirtschaftliche Produkte, speziell für Getreide und Raps stark gesenkt und hierfür flächenbezogene Ausgleichszahlungen eingeführt. Dieses marktpolitische System der Erzeugerpreissenkung und deren zumindest teilweisen Ausgleichszahlungen ist mit der zur Ernte 2000 in Kraft getretenen Agenda 2000 noch verstärkt worden. Die politisch gesetzten Signale einer stärkeren Ausrichtung auf internationale Marktbedingungen sind von den Betrieben aufgenommen worden und werden in der Regel mit stärkeren Bedenken um die eigene Existenz bewertet.

Die Ausrichtung der EU-Agrarpolitik auf Weltmarktbedingungen wird zunehmend stärker zu schwankenden Marktpreisen für landwirtschaftliche Erzeugnisse in Deutschland führen. Durch die politische beabsichtigte Aufnahme der Mittel- und Osteuropäischen Agrarländer in die EU wird die Agrarpolitik weiter in diese Richtung gehen müssen, was für die hiesige Landwirtschaft zu weniger Marktschutz führen dürfte.

Vollzogen ist mit der Agrarreform von 2005 eine Entkoppelung der Ausgleichszahlungen von der Produktion, was in groben Zügen zu einer Betriebsprämie unabhängig von den angebauten Kulturen oder gehaltenen Tieren geführt hat.

Die Landwirte werden seither für die Einhaltung hoher Qualitätsstandards, die Pflege und Erhaltung der Kulturlandschaft und für besondere Umweltleistungen unterstützt.

Die im Landkreis Hildesheim vorherrschenden Verkaufsfrüchte wie Zuckerrüben und Getreide waren in den vergangenen Jahrzehnten durch die Marktpolitik der EU geschützt und gegen niedrige Preise durch staatliche Maßnahmen abgesichert. Ähnlich wie bisher unter anderem auf dem Schweine- und Kartoffelmarkt, werden die Marktpreise vor Aufnahme der Produktion nicht mehr sicher einzuschätzen sein. Neue Instrumente zur Preisabsicherung, wie stärkere vertragliche Bindungen und die Nutzung von Warenterminbörsen werden von den Landwirten in Zukunft mehr beachtet werden müssen.

Neben diesen eher negativen Vorgaben für die Landwirtschaft ist jedoch zunehmend auch die allgemeine Lage an den Weltmärkten von Bedeutung. Hier ist davon auszugehen, dass durch die ständige wachsende Weltbevölkerung und eine Wirtschaftserholung im asiatischen Raum sowie die Verknappung von Ackerfläche die Preise für Nahrungsmittel auf den Weltmärkten mittelfristig deutlich ansteigen könnten. Unterstützt wird diese Preistendenz auf den Agrarmärkten durch die weltweite Energienachfrage.

Um gute Preise zu erzielen setzen die hiesigen Landwirte schon lange auf Qualitätsprodukte. Das bundesweit anerkannte Qualitätssiegel QS ist eine niedersächsische Erfindung.

Ob die bäuerliche Landwirtschaft Zukunft hat hängt davon ab, was die Gesellschaft will.

Von jedem Euro, der heute für Nahrungsmittel ausgegeben wird erhält der Landwirt weniger als 25 Cent verglichen mit 50 Cent vor 30 Jahren.

Zu 90 Prozent können sich die Deutschen durch Lebensmittel aus heimischer Produktion ernähren. Zur Erinnerung: Nach dem 2. Weltkrieg waren es gerade einmal 35 Prozent.

Der Verbraucher kann, indem er mitbestimmt was und wo er es kauft die Zukunft unserer Landwirtschaft ein Stück mitbestimmen.

Für einen jungen Betriebsleiter sollte diese Aussicht und auch der Rückzug des Staates aus der Marktstützung als unternehmerische Chance gesehen werden.

Wie in der Vergangenheit wird auch zukünftig die Kombination aus Arbeitnehmertätigkeit und dem Bewirtschaften eines landwirtschaftlichen Betriebes, die Nebenerwerbs- oder Zuerwerbslandwirtschaft, eine wesentliche Rolle spielen. Aufgrund des technischen und organisatorischen Fortschritts ist es mittlerweile möglich, einen 100 ha – Ackerbaubetrieb im Nebenerwerb zu führen. Inwieweit zukünftig stärker die Nebenerwerbslandwirtschaft bzw. Aufgabe der Landwirtschaft und Verpachtung den Strukturwandel bestimmen werden, ist von der zu erwartenden Verwertung des Faktors Boden abhängig. Durch Betriebswachstum werden die Eigentumsanteile noch stärker zurückgehen und viele Betriebe zu prozentual starken Pachtbetrieben werden.

Entwicklungschancen, die sich unter den zu erwartenden zukünftigen Rahmenbedingungen für die landwirtschaftlichen Betriebe ergeben werden, sind in stärkerem Maße durch die unternehmerischen Fähigkeiten des Betriebsleiters bestimmt. Nicht nur die Ausstattung mit den Produktionsfaktoren, hierbei besonders der bisher und zumindest noch mittelfristig knappe Faktor Boden, sondern in stärkerem Maße ein unternehmerisches Gespür gepaart mit fundiertem Fachwissen und einem hohen Grad an sozialer Kompetenz, werden den erfolgreichen landwirtschaftlichen Betriebsleiter im Landkreis Hildesheim in mittelfristiger Zukunft auszeichnen.

Wo ist das Dorf mit der
rosigsten Zukunft?
Auf dem Hofgelände des
Landwirts Harenberg in Grasdorf
gab es für die Jury allerlei an
Exponaten aus der Landwirt-
schaft zu sehen
(Foto: Kreisarchiv / Pressestelle
Landkreis Hildesheim)

Hildesheims heimliches „Gold"

*Der Kalibergbau im Landkreis ist schon seit 15 Jahren Geschichte – aber kaum ein
Berufszweig nährt Stammtisch-Gerüchte und die Phantasie der Einwohner mehr als
der der ehemaligen Kumpel*

Wenn man sein Auto im nördlichsten Zipfel des Landkreises von Gödringen nach
Hotteln steuert, kann man die Hinterlassenschaften der erfolglosen „Goldgräber"
kaum verfehlen. Auf dem heutigen Sarstedter Stadtgebiet liegen ihre Backstein-Relikte
nicht zu übersehen rechter Hand. Was die Bergarbeiter, die ihre Gewerkschaft
„Schieferkaute" nannten, vor mehr als 100 Jahren abbauen wollten, hatte damals fast
schon den Wert eines Edelmetalls: Kalisalz, das zusammen mit anderen Salzen den
Beinamen „Weißes Gold der Erde" trug. Um heute zu verstehen, warum einfaches
Kalisalz, einst als Abfallprodukt der Speisesalzproduktion entstanden, plötzlich derart
wichtig wurde, wird in der Bergbau-Literatur immer wieder der Chemiker Justus von
Liebig bemüht. Er fand nämlich 1850 nicht nur heraus, dass Pflanzen dem Boden
wichtige Nährstoffe entziehen, sondern auch, dass man durch die Beigabe von beispielsweise Kali den Ertrag erheblich steigern kann. Mit einem Abfallprodukt reich
werden? Das wollten damals viele Menschen im Reich. Eine Goldgräberstimmung
setzte im ganzen Land ein, die, jedenfalls was den Landkreis Hildesheim betrifft, erst
vor 15 Jahren sein endgültiges Ende fand.

Die Männer der Gewerkschaft „Schieferkaute" scheiterten schon wesentlich eher.
Ihre Bohrungen stießen laut Rainer Slottas Standardwerk „Technische Denkmäler in
der Bundesrepublik Deutschland, Teil 3: Die Kali- und Steinsalzindustrie" in Tiefen bis

zu 850 Meter hinab. Ihre Chancen standen nicht schlecht: Schließlich ragten die vor Millionen Jahren entstandenen Schichten an vielen Stellen der norddeutschen Tiefebene an die Erdoberfläche. Zwischen Gödringen und Hotteln stießen die Arbeiter auf Stein- und Kalirohsalz, ein Erfolg also. Doch sie hatten ihre Rechnung ohne Mutter Natur gemacht. Wasserführende Schichten ließen die Schächte absaufen, manchmal rutschte sogar Sand hinterher – der Abbau war zum Scheitern verurteilt, noch ehe er richtig in Schwung kam. 1908 endete der „Kali-Ausflug" bei Hotteln. Der Schacht ist verfüllt. Heute zeugen nur noch einige Backsteingebäude vom kläglichen Versuch, an dieser Stelle den begehrten Mineraldünger aus der Tiefe zu holen. Und der Straßenname, den die Politiker zur Erinnerung an die kurze „Spritztour" der Erfolglosen vergeben haben: „Auf dem Schachte".

Der Landkreis Hildesheim ist heute ein modernes Gebilde, in dem hochspezialisierte Unternehmen Produkte wie Navigationsgeräte für Autos oder auch Wärmetauscher für Schiffe und Kernkraftwerke herstellen. Aber kaum ein Berufszweig hat den Landkreis bisher mehr geprägt als die Bergarbeiterzunft, die man noch heute an allen Ecken und Enden antrifft. Rund 8000 Bergmänner gleichzeitig fanden zur Blütezeit des Untertagebaus im Raum Hildesheim Arbeit. Sie stießen mit ihren Arbeitsgeräten, die Außenstehenden wie Dinosaurier des Bauhandwerks vorkommen müssen, in ganz und gar unwirtliche Gegenden vor. Dort, wo das Quecksilber sich bis zur 50-Grad-Celsius-Marke ausdehnte, nahmen sie der Erde das Salz. Über Schläuche pusteten sie Sprengstoff in den Salzstock – 600 Gramm pro gewonnener Tonne Kali. Wenn die Ladungen unter Tage gezündet wurden, brachen sie manchmal kleiderschrankgroße Brocken aus dem Gestein. Radlader, bei den Bergleuten Muldenkipper genannt, mit bis zu 30 Tonnen fassenden Schaufeln schoben das Salzgestein zusammen und in die Zertrümmerungsmaschinen, die das Material brachen. Ganze Zugverbände waren auf den verschiedenen Solen unterwegs, um die Massen abgesprengten Rohsalzes zu transportieren. Doch von jeder Tonne konnten die Arbeiter nur ein Fünftel verwerten. Was nicht verkauft werden konnte, musste aufgehaldet werden. Das Ergebnis sieht man unter anderem, wenn man durch Giesen fährt: einen riesigen weißen Berg.

Um zu verstehen, warum die Menschen gerade auf dem Gebiet des heutigen Landkreises Hildesheim die Erde öffneten und in die Tiefe vorstießen, muss man einen Ausflug in die Geschichte unternehmen. Nicht in die jüngere Geschichte. Nein, man muss rund 250 Millionen Jahre in die Vergangenheit zurück. Denn dort beginnt sie, die Geschichte des Salzes, das heute Tomaten würzt, Schnee taut oder den Pflanzen auf den Feldern einen Wachstumsschub gibt. Wenn es damals schon Menschen auf der Erde gegeben hätte, sie hätten Boote benötigt, um sich im Bereich des heutigen Landkreises fortzubewegen. Große Teile Nordeuropas lagen damals unter dem Meeresspiegel. Wie die Ostsee heute noch, war dieses Binnenmeer eine Flachwasserzone, umgeben von Land. Nur im Norden gab es eine gelegentliche schmale Verbindung zur offenen See. An dieser Stelle drückte das Meerwasser regelmäßig ins urzeitliche Gewässer, Salz lagerte sich im Laufe von Millionen Jahren auf dem Grund ab. Doch in Meerwasser waren und sind mehr Stoffe gelöst als Salz. Mit der Verdunstung lagerten sich auch andere Schwebeteilchen am Boden ab, Ton zum Beispiel. Dieser versiegelte die Salzschichten – die Salzflöze, wie wir sie heute kennen, waren geboren. Das heißt, noch nicht so ganz. Denn die Flöze damals lagen waagerecht. Erst Verschiebungen im Erdinnern durch Bewegungen von Erdplatten sowie den Druck, den kilometerdicke Erdschichten über dem Salz ausübten, türmten die Salzschichten im Bereich des heutigen Norddeutschland auf. So fanden Wissenschaftler sie vor, als sie sich vor mehr als 100 Jahren auf die Spur des „Weißen Goldes" machten.

Den Kalibergbau im Landkreis Hildesheim kann man sich vielleicht am ehesten vorstellen wie eine moderne Operation in der Medizin. Mit einem scharfen Skalpell öffnet der Chirurg einen winzigen Spalt der Haut, um von dieser Stelle aus tief in den Körper vorzudringen. So ähnlich ist es auch beim Kalibergbau. Der Schacht in die Tiefe hat in der Regel nur einen Durchmesser von vier bis fünf Meter. Ein geradezu winziges Löchlein – berücksichtigt man die Tiefe, in die die Arbeiter vordringen, und die kilometerlangen Gänge, die rechts und links der Schächte abzweigen. Durch die Öffnung gelangten nicht nur die Arbeiter und die lebenswichtige Luft – unter Tage „Wetter" genannt –, sondern auch sämtliche Werkzeuge und Maschinen, die sie benötigten, hinab. Sie wurden in Einzelteilen nach unten gelassen und dort wieder zusammengesetzt.

Jeder, der mit dem Auto schon einmal durch Giesen fuhr, dürfte darüber gegrübelt haben, was für ameisenähnliche Gänge er gerade überquert – beim Anblick der riesigen Halde von Bergwerk Siegfried-Giesen. Dieser Eindruck trügt nicht. 77 Jahre lang transportierten Bergleute Salzgestein aus dem Untergrund, insgesamt 54 Millionen Tonnen. Im Gegensatz zu den meisten anderen Hildesheimer Schächten sind die des Werkes Siegfried-Giesen noch offen. Was dies für den momentanen Zustand der Erde unter dem nördlichen Landkreis bedeutet, kann man nur erahnen. Zu Siegfried-Giesen gehören noch die Schächte „Glückauf" in Sarstedt, „Fürstenhall" in Ahrbergen und „Rössing-Barnten" in Barnten. Alle vier Schächte sind noch zugänglich und unter Tage miteinander verbunden. Wer eine spannende Tour de Landkreis auf Minus 1000 Metern unternehmen will, könnte sich theoretisch an einem der Schächte abseilen und Hunderte Kilometer durch die Dunkelheit laufen. Praktisch ist dies natürlich nicht möglich. Nicht jeder kommt an die Öffnungen heran, und um in die Tiefe zu gelangen, braucht es spezielles Gerät, mit dem die Kali und Salz Aktiengesellschaft aus Kassel, kurz K+S genannt, die einzelnen Schächte regelmäßig kontrolliert.

Gedenkstein an den Kalibergbau in Barnten (Foto: Archiv HAZ)

K+S, um dieses weltweit agierende Unternehmen kommt man nicht herum, wenn man sich mit dem Kalibergbau im Landkreis Hildesheim beschäftigt. Der Grund ist einfach: K+S gehören 17 der 18 im Raum Hildesheim vorhandenen Schächte. Der Schacht der Gewerkschaft „Schieferkaute" bildet eine Ausnahme: Die verärgerten Arbeiter schmissen, salopp ausgedrückt, das unglückselige Haldenmaterial vor ihrem Abzug gleich in die Tiefe und machten sich 1908 wieder aus dem Staub. Bei den 17 weiteren Schächten in Hildesheim ist es hingegen nicht so einfach. Das deutsche Bergrecht ist kompliziert: Wer dem Berg etwas nimmt, hat den vorherigen Zustand wieder herzustellen, ehe er abzieht. So hat es der Gesetzgeber bestimmt. Für den Landkreis Hildesheim bedeutet dies: Der Kaliabbau ist zwar bereits seit 20 Jahren beendet, aber K+S wendet trotzdem Jahr für Jahr erhebliche Summen dafür auf, seine Bergwerke zu verwahren, wie es im Bergbau-Jargon heißt. „Jedes Jahr fließen allein mehrere 10.000 Euro Unterhaltungskosten in die stillgelegten Hildesheimer Bergwerke", sagt Klaus Rumphorst. Er leitet von Bad Salzdetfurth aus den Betreuungsbereich „Inaktive Werke" von K+S. Das sind allerdings nicht nur die 17 Anlagen im Landkreis Hildesheim, sondern noch viele weitere Schächte in ganz Niedersachsen.

Rumphorst ist nicht nur das Gesicht von K+S in der Region, er ist auch der Herr der Flutungen. Denn dies ist das Schicksal der meisten Hildesheimer Schächte – sie werden mit Wasser gefüllt. „Die natürliche Flutung dauert rund 20 Jahre", sagt Rumphorst. Doch manchmal geht es auch schneller: „Der Schacht „Hermann II" soff 1925 im Verbund mit dem Schacht „Carlsfund I" in Rhüden ab und steht seither voller gesättigter Salzlösung", schreibt der ehemalige Salzdetfurther Bergwerksdirektor Horst H. Hotze in seinem geschichtlichen Abriss „100 Jahre Kalibergbau im Landkreis Hildesheim". „Hermann II" steht in Königsdahlum, einem der südlichsten Zipfel des Landkreises. Ebenfalls seit Jahrzehnten verfüllt sind die beiden Schächte „Desdemona I" und „Desdemona II" in Godenau bei Alfeld. Dieses Schicksal teilen auch die Schächte der Anlage „Frischglück" in Eime und die Anlage Hohenzollern mit den beiden Schächten „Meimerhausen" und „Hohenzollern" bei Freden. Auch die Werksanlage Hildesia mit den Schächten „Mathildenhall" und „Hildesia" ist geschlossen. Und „Carlshall" in Lühnde wurde bereits 1925 stillgelegt und ebenfalls verfüllt.

Dieses Schicksal könnte den beiden bedeutendsten Anlagen des Landkreises erspart bleiben. Siegfried-Giesen ist seit 1987 stillgelegt. Wie es in Giesen weitergehen soll, darüber hält man sich in der K+S-Konzernzentrale bedeckt. Vielleicht kommen deshalb an Giesener Stammtischen immer wieder Gerüchte auf, der Abbau gehe schon bald wieder los. Warum sonst sollte K+S die bis zu 1050 Meter tiefen Schächte offen halten? Eine weitere Sonderrolle spielt die Anlage „Salzdetfurth" in Bad Salzdetfurth. Hier beendete K+S die Förderung erst 1992. Entgegen aller Unkenrufe zu Beginn stießen die Bergleute an dieser Stelle nämlich auf mächtige Salzschichten, denen Chemiker zudem noch eine hervorragende Qualität bescheinigten. In Bad Salzdetfurth führen insgesamt drei Schächte in die Tiefe. Ein Hauptförderschacht, in dem das Rohsalz an die Erdoberfläche transportiert wurde, ein Transportschacht sowie ein Schacht, über den die Bergleute einfuhren. Auch in Salzdetfurth findet man untertage Strukturen, die an eine kleine Stadt in der Tiefe erinnern. Ein Bahnhof, mehrere Bunker und Werkstätten, Wendeltreppen und ein inzwischen leeres Sprengstofflager auf 700 Metern – nur mit Hilfe eines Großventilators am Transportschacht, der rund 20.000 Kubikmeter verbrauchte Luft aus der Tiefe sog, fanden die Arbeiter damals Luft zum Atmen. Schließlich strömte frische Luft durch die anderen Schächte nach. „Wegen der Belüftung gibt es unten immer einen Windzug", sagt Rumphorst.

Lore zur Erinnerung an den Kalibergbau in Ahrbergen am Fürstenhall (Foto: Archiv HAZ)

*Luftaufnahme von Diekholzen 1987
(Foto: Kreisarchiv / Pressestelle
Landkreis Hildesheim)*

Nicht jeder Kaliabbau zieht auch eine Halde mit sich – wie vor allem am Beispiel Bad Salzdetfurth deutlich wird. Hier förderten die Arbeiter zwischen 1899 und 1992 insgesamt rund 85 Millionen Tonnen Kali zutage. Trotzdem ist weit und breit kein weißer Berg zu sehen. „Wir haben hier Carnallit, ein besonderes Salz, gewonnen", erklärt Rumphorst. Dort konnte K+S als Nebenprodukt eine Lauge gewinnen, die es zusätzlich verkaufte. Das einst feste Gestein aus der Tiefe verließ Bad Salzdetfurth nach und nach in flüssiger Form in alle Welt. Auch heute noch sind in Bad Salzdetfurth Arbeiter unter Tage tätig. Sie brechen Gestein aus dem Berg, das zu Katzenstreu verarbeitet wird.

Ob in Giesen, Bad Salzdetfurth oder einem anderen Ort mit einem vergleichbaren Bergwerk - wer schon einmal mit unten war, kommt aus dem Schwärmen nicht wieder heraus. Wenn die Bergleute ihre Arbeit getan haben, entstehen mitunter Hohlräume von gigantischen Ausmaßen. Es sind vor allem die Dimensionen, die man als Bergbau-Laie nicht einmal ansatzweise erahnt. So soll es Bereiche geben, in die der Kölner Dom passt ohne an den Seiten oder der Turmspitze anzustoßen.

*Umliegende Seite:
Blick auf die Mühle der
Gebr. Engelke in Hasede
(Foto: Archiv HAZ)*

*Am Bad Salzdetfurther Bahnhof
erinnert die Seilscheibe eines
Förderturms an den Kalibergbau
(Foto: Archiv HAZ)*

Diejenigen, die es mit eigenen Augen gesehen haben oder irgendwann einmal die Gelegenheit hierzu bekommen, werden allerdings immer weniger. Mit jedem Jahr, das vergeht, sterben wieder einige „Kumpel". Die verbliebenen treffen sich mindestens einmal im Jahr, am 4. Dezember, zur Barbarafeier. Schließlich wollen sie ihrer Schutzpatronin, der Heiligen Barbara, auch Jahre nach ihrer letzten Fahrt hinab noch dafür danken, stets gesund wieder ans Tageslicht gekommen zu sein. Zudem schwindet die Gelegenheit, einmal mit einzufahren, mit jedem gefluteten Schacht. Die Zeichen scheinen eindeutig: Der Kalibergbau im Landkreis Hildesheim ist am Ende. Und sollten im Werk Siegfried-Giesen eines Tages die Verwahrungsarbeiten beginnen, wird K+S auch das letzte Kapitel Hildesheimer Bergbaugeschichte schließen. Dann dauert es nur noch wenige Jahre, bis kein Weg mehr hinab führt. „Die Natur holt sich alles zurück", sagt Rumphorst.

HILDESHEIM
Gründerfreundlichste Region Deutschlands
IMPULSE 11/2007 · www.gründerlotse.de

Wirtschaftsförderung für die Zukunft: Durch Strukturwandel zur gründerfreundlichsten Region Deutschlands

Der wirtschaftliche Strukturwandel in Deutschland ist seit nunmehr über 20 Jahren gekennzeichnet durch den Übergang von der Industrie- zur Dienstleistungsgesellschaft, einen durch die Globalisierung intensivierten internationalen Konkurrenzdruck sowie den Standortwettbewerb der Regionen um Investitionen und Arbeitsplätze. Gleichzeitig zwingt die Vielzahl von betrieblichen Krisensituationen und der damit verbundene Verlust von Arbeitsplätzen zunehmend dazu, mit neuen Ideen und Konzepten auf lokaler und regionaler Ebene die Voraussetzungen zu schaffen, dass bestehende Unternehmen erhalten werden können, Neugründungen gezielte Unterstützung erfahren und mögliche Investoren beste Bedingungen vorfinden.

Durch den wirtschaftlichen Strukturwandel und Veränderungen im Bereich der Unternehmensfinanzierung hat sich der Druck erhöht, im Rahmen von mittelstandsorientierten Wirtschaftsförderungsmaßnahmen vor Ort standortpolitisch tätig zu werden. Regionale Akteure können zwar mit ihrem Instrumentarium die grundlegenden Versäumnisse auf gesamtwirtschaftlicher Ebene nicht korrigieren. Sie können aber durch professionelle und auf Kooperation und Arbeitsteilung basierende Wirtschaftsförderungsmaßnahmen vor Ort einen wichtigen Beitrag zur Standortqualität einer Region leisten. Voraussetzung dafür ist der Abschied von kleinräumigem Denken und lokalen Eitelkeiten. Standortwettbewerb um Investitionen und Arbeitsplätze findet heutzutage nicht mehr zwischen Kommunen innerhalb eines Landkreises statt, sondern zwischen größeren Wirtschaftsräumen. Nachbarstandorte innerhalb von Wirtschaftsregionen werden aus Sicht von Investoren längst nicht mehr als Standortkonkurrenten angesehen, sondern als ergänzendes Standortumfeld, dessen Qualität und Stärke einen wichtigen Einfluss auf die endgültige Investitionsentscheidung haben kann.

Die Akquisition von Neuansiedlung kann jedoch angesichts der geringen Anzahl von tatsächlichen überregionalen Verlagerungen innerhalb des Bundesgebietes nur ein ergänzendes Instrument der Wirtschaftsförderung sein. Beschäftigungsverluste durch Konkurse bzw. Verlagerungen von bestehenden Unternehmen sind keinesfalls durch Ansiedlungserfolge zu kompensieren. Zudem wird die Veränderung der Förderlandschaft in den nächsten Jahren die Wahrscheinlichkeit überregionaler Ansiedlungserfolge weiter erheblich reduzieren. Der Schwerpunkt der Wirtschaftsförderungsmaßnah-

Umliegende Seite:
Plakataktion zur Imagewerbung
für den Landkreis Hildesheim
(Foto: Kreisarchiv / Pressestelle
Landkreis Hildesheim)

Wir sind immer offen für tragfä**hi**ge Ideen!

OTMAR BIRKNER, GESCHÄFTSFÜHRER AUTO-GYRO GMBH

HILDESHEIM
Gründerfreundlichste Region Deutschlands
IMPULSE 11/2007 · www.gründerlotse.de

Landkreis Hildesheim

Die Region Hildesheim – eine der besten Adressen für Unternehmen

www.landkreishildesheim.de

Gruppenbild der Vertreter der HI-REG-Träger anlässlich der Vertragsunterzeichnung zur vorzeitigen Verlängerung der HI-REG am 22. Dezember 2004 (Foto: HI-REG)

men in den Regionen ist deshalb in Zukunft eindeutig darauf zu legen, die Standortbedingungen und Entwicklungsmöglichkeiten für die bestehenden Betriebe durch professionelle Dienstleistungen systematisch zu verbessern. Wenn es gelingt, die in der Region ansässigen Unternehmen im Strukturwandel zu stabilisieren und sie in ihren Entwicklungs- und Innovationsvorhaben zu unterstützen, steigen nicht nur die Einkommens- und Beschäftigungschancen der an den Standort gebunden Arbeitskräfte (z.B. in Handel, haushaltsorientierten Dienstleistungen, Handwerk etc.), sondern es erhöht sich gleichermaßen die Attraktivität der Region als Standort für neue Investitionen und qualifizierte Arbeitskräfte aus anderen Teilen des Landes.

Im Landkreis Hildesheim wurde im Frühjahr 2002 mit der Gründung der Wirtschaftsförderungsgesellschaft Hildesheim Region (HI-REG) mbH ein großer Schritt in Richtung Neustrukturierung im Bereich der Wirtschaftsförderung getan. Die Gesellschaft konzentriert sich darauf, die Standortbedingungen für Existenzgründer, ansässige Unternehmen und ansiedlungsinteressierte Investoren durch eine systematische, an den Entwicklungshemmnissen und Bedarfen der mittelständischen Wirtschaft ansetzende Unternehmensbetreuung zu verbessern. Die HI-REG wird getragen vom Landkreis Hildesheim, seinen 19 Städten und Gemeinden sowie der Sparkasse und allen Volksbanken in der Region. Dabei setzt sie bewusst auf die enge Kooperation und Arbeitsteilung mit ansässigen bzw. überregionalen Fachleuten. Beispielhaft hierfür - und durch eine Vielzahl erfolgreicher Problemlösungen zu belegen - ist die intensive Zusammenarbeit der Wirtschaftsförderungsgesellschaft mit den Hauptverwaltungsbeamten der Landkreisgemeinden in betrieblichen Krisensituationen, in Genehmigungsfragen bzw. bei der Durchführung von Investitionsvorhaben in den jeweiligen Standortgemeinden. Darüber hinaus hat sich angesichts der veränderten Rahmenbedingungen im Bereich der Unternehmensfinanzierung insbesondere auch die enge Zusammenarbeit der HI-REG mit der Sparkasse und den vier regionalen Volksbanken als ausgesprochen erfolgreich bei der Lösung vielfältiger betrieblicher Entwicklungsschwierigkeiten erwiesen.

*Niedersachsens Minister-
präsident Christian Wulff in
Begleitung der Wegbereiter des
TecCenters bei seinem Besuch in
Bad Salzdetfurth im Jahr 2006
(Foto: HI-REG)*

*Umliegende Seite:
Ein Beispiel für erfolgreiche
Wirtschaftsförderung, das Tec-
Center in Bad Salzdetfurth
(Foto: Archiv HAZ)*

Die konstruktive Zusammenarbeit der regionalen Wirtschaftsförderung mit den Städten und Gemeinden sowie den regionalen Kreditinstituten war in den vergangenen Jahren die entscheidende Voraussetzung dafür, dass eine eindrucksvolle Anzahl von Unternehmen und Arbeitsplätzen in der Region gesichert bzw. neu geschaffen wurde. Nur ein Beispiel von vielen – wenngleich ein besonders herausragendes – ist zweifellos die Entwicklung des TecCenters in Bad Salzdetfurth von der drohenden Industriebrache hin zur erfolgreichen Standortgemeinschaft von z.T. weltweit tätigen High-Tech-Unternehmen.

Aber auch in ihren weiteren Tätigkeitsfeldern setzt die HI-REG bewusst auf systematische Dienstleistungen, die an den konkreten Entwicklungshemmnissen der Betriebe ansetzen und in intensiver Abstimmung und Arbeitsteilung mit untereinander vernetzten Fachleuten konzipiert und angeboten werden. So hat die HI-REG z.B. nach dem Aufbau eines regionalen Netzwerkes im Bereich Existenzgründungsförderung im Jahr 2002 mit dem so genannten „Gründerlotsen" eine zentrale Anlaufstelle für Existenzgründer in der Region installiert. Das von der HI-REG geleitete regionale Gründungsnetzwerk ist seitdem in der Lage, Existenzgründer mit tragfähigen Gründungsvorhaben beim Weg in die Selbstständigkeit erfolgreich und unbürokratisch zu unterstützen, einen Beitrag zur Stabilität von Jungunternehmen zu leisten sowie die Effizienz und Wirksamkeit der in der Region verfügbaren Leistungsangebote und Fachleute zu optimieren.

Das exklusive Gründer-Ranking

Hier boomt Deutschland...

Wo mutige Gründer leben, und warum ausgerechnet Hildesheim siegt: impulse präsentiert die detaillierteste Studie, die es je gab.

... weil die Region Hildesheim mit ihrer

Wirtschaftsförderung überzeugt: Sie ist einfach und damit perfekt.

»« Professor Rolf Sternberg, Studienleiter

*Die Zeitschrift „impulse"
berichtet ausführlich über
Hildesheims 1. Platz im
Gründer-Ranking
(Foto: Archiv HAZ)*

Dieses Konzept der Existenzgründungsförderung hat mittlerweile bundesweit Vorbildcharakter erreicht. Das Niedersächsische Ministerium für Wirtschaft, Arbeit und Verkehr empfahl es bereits als Modell für die Umsetzung der so genannten „Einheitlichen Ansprechpartner" im Rahmen der EU-Dienstleistungsrichtlinie und das Bundeswirtschaftsministerium ernannte es kürzlich zu einem von fünf „Best-Practice-Beispielen" für zentrale Anlaufstellen und Existenzgründungsnetzwerke in Deutschland. Die größte Aufmerksamkeit erreichte der Wirtschaftsförderungsansatz der HI-REG allerdings ausgerechnet im Jahr 2007, als der Landkreis Hildesheim sein 30-jähriges Jubiläum feiern durfte. Die Region Hildesheim wurde bundesweit mit großem Vorsprung vor Metropolen wie Hamburg und München zur „Gründerfreundlichsten Region Deutschlands" im Zeitraum 2001 bis 2006 gekürt. Im Rahmen des „Global Entrepreneurship Monitors" (einer Art Pisa-Studie im Bereich Unternehmensentwicklung) bescheinigten international anerkannte Fachleute, dass der Wirtschaftsraum Hildesheim die bundesweit besten Voraussetzungen für eine erfolgreiche Selbstständigkeit bietet und erklärten dieses Ergebnis mit der vorbildlichen Wirtschaftsförderung durch die HI-REG. Nirgendwo in Deutschland ist der Anteil der gut vorbereiteten marktorientierten Existenzgründungsvorhaben höher, nirgendwo arbeiten Kammern, Ämter

und Banken koordiniert durch die Wirtschaftsförderung so partnerschaftlich und intensiv zusammen wie im Wirtschaftsraum Hildesheim.

Mit dieser Auszeichnung hat sich Hildesheim sowohl bei renommierten Fachleuten als auch bei Entscheidern in der Wirtschaft als unternehmensfreundlicher Wirtschafts-standort einen Namen gemacht und ein bundesweit einmaliges Alleinstellungsmerk-mal erworben.

Landkreise und Kommunen im gesamten Bundesgebiet haben im Strukturwandel der vergangenen Jahre festgestellt, dass regionale Wirtschaftsförderungsaktivitäten nur dann zu einer Verbesserung der Standortqualität führen, wenn sie systematisch und professionell betrieben werden und an den konkreten betriebswirtschaftlichen Problemstellungen und Bedarfen der ansässigen Unternehmen ausgerichtet sind. Um dieses Ziel zu erreichen, muss die Beratungs- und Servicequalität aller im Bereich der Wirtschaftsförderung Verantwortlichen beständig weiterentwickelt, neuen Erfordernis-sen angepasst und verbessert werden. Es gilt, noch stärker den Dialog mit den ansäs-sigen Betrieben zu suchen, um Probleme am Standort und im Strukturwandel recht-zeitig zu identifizieren und unter Einschaltung von Fachleuten Lösungen zu finden, die an den Bedarfen der regionalen Wirtschaft ausgerichtet sind. Für Unternehmen ist es heutzutage ein nicht zu unterschätzender Standortfaktor, in der Region einen permanenten Ansprechpartner zu haben, der als anerkannte Schnittstelle zu spezialisierten Beratungsdienstleistungen innerhalb und außerhalb der Region einen kompetenten Beitrag zur rechtzeitigen Lösungen von konkreten Problem leistet.

Ein solcher Wandel in der inhaltlichen Ausrichtung der kommunalen bzw. regionalen Wirtschaftsförderung stellt allerdings erhebliche Anforderungen an die handelnden Personen vor Ort. Es ist ein deutlicher Wandel im Selbstverständnis, im Aufgabenzuschnitt und in der Arbeitsweise erforderlich. Im Vordergrund stehen muss dabei die Fähigkeit und Bereitschaft zur Kooperation und Arbeitsteilung, eine ausgeprägte Kundenorientierung und Dienstleistungsmentalität, eine eindeutige Orientierung an den aktuellen Entwicklungshemmnissen der ansässigen Unternehmen sowie - damit eng verbunden - betriebswirtschaftliches Know-how und unbürokratische Problemlösungskompetenz.

Mit der Gründung der Wirtschaftsförderungsgesellschaft HI-REG haben die Verantwortlichen im Wirtschaftsraum Hildesheim die Voraussetzungen für einen echten Strukturwandel in der regionalen Standortpolitik geschaffen. Die erfolgreiche Arbeit der HI-REG in den ersten Jahren ihrer Tätigkeit hat bereits nach kurzer Zeit dazu geführt, dass die Wirtschaftsförderung der Region Hildesheim im ganzen Land respektvolle Beachtung und eine Vielzahl von Nachahmern gefunden hat. Mit der vorzeitigen Verlängerung der Vertragswerke im Jahr 2005 und der damit verbundenen Sicherstellung der Finanzierung der Gesellschaft haben nicht zuletzt auch die Kapitalgeber aus den Städten und Gemeinden, dem Landkreis und den regionalen Kreditinstituten der Arbeit der regionalen Wirtschaftsförderung ihre Anerkennung und ihr großes Vertrauen ausgesprochen.

Für eine lebendige Kulturregion.
Kulturentwicklungsplanung
im Landkreis Hildesheim

1995 wurde durch den Beschluss des Kreistages in die Kulturentwicklungsplanung einzusteigen, kulturpolitisches Neuland betreten.

Mit diesem Unterfangen wurde erstmals die Möglichkeit geschaffen, die kulturelle Vielfalt im Kreisgebiet in ihrer Gesamtheit zu betrachten und als Entscheidungsgrundlage für zukünftige Förderkonzepte zu nutzen. Zum ersten Mal gelang es auch, einen intensiven Dialog zwischen Kulturverwaltung, Mitgliedern des Kreistages und den zahlreichen regionalen Kulturakteuren initiieren.

Federführend in diesem Prozess war von 1997 bis 1999 das Institut für Kulturpolitik der Universität Hildesheim, welches abschließend für alle Sparten der Kultur Handlungsempfehlungen für deren zukünftige Gestaltung und Förderung vorgelegt hat.

Genau genommen war diese Arbeit jedoch erst ein Anfang: Sie bildete eine Grundlage für langfristige Prozesse und neue mittlerweile sehr erfolgreich realisierte Projekte, mit denen der Landkreis sich als lebendige und innovative Kulturregion präsentiert.

Zu Beginn der Kulturentwicklungsplanung war die Welt zwischen Börde und Leinebergland, Hannover und Harz noch eine andere:

Ohne flächendeckende Internetzugänge, ohne DSL und ohne Kommunikation per Email. Fotohandys und digitale Bildverarbeitung kannten die meisten Menschen höchstens aus Science-Fiction-Filmen. Selbst ein PC am Arbeitsplatz war keineswegs selbstverständlich – die ersten Daten der Kulturentwicklungsplanung wurden noch mit Bleistift auf Karopapier ausgewertet ...

Ende der neunziger Jahre setzte der technologische Fortschritt rasant ein und verschob die Grenzen des Denkbaren. Die neuen Möglichkeiten spielten der Kulturentwicklungsplanung direkt in die Hände. Eine ihrer zentralen Ideen war es, die Informationen über Kultur und Kulturförderung zu verbessern und die Angebote der weit über 800 Vereine und Einrichtungen im Landkreis möglichst vielen Menschen zugänglich zu machen. Alfelder sollten – über Gemeinde- und sonstige Grenzen hinweg - aktuell erfahren können, welche Ausstellung in Bockenem läuft, Sarstedter, welches Konzert in Nettlingen stattfindet. Diese Informationen waren – es ist heute kaum noch zu glauben – in den neunziger Jahren des letzten Jahrhunderts auch für Kulturbeflissene nicht einfach zu beschaffen. Die Kulturentwicklungsplanung begann – vom heutigen Standpunkt der technologischen Möglichkeiten betrachtet – gewissermaßen im Mittelalter.

Vor diesem Hintergrund wirkt das Internet-Portal *www.kulturium.de,* initiiert und betrieben vom Kulturbüro des Landkreises, wie ein weit aufgestoßenes Tor in die Neuzeit:

Die professionell gestaltete Homepage bietet Zugriff auf einen regionalen Veranstaltungskalender sowie ein Kulturhandbuch, in dem Künstler, Kultureinrichtungen, Vereine und Gruppen der Region dargestellt sind. Hier präsentiert sich der Landkreis Hildesheim mit einer überraschend vielfältigen und lebendigen Kulturszene, die sich keineswegs im Schatten der städtischen Kirchtürme drängt, sondern auch in entlegenen Weilern gedeiht und mit außergewöhnlichen Veranstaltungsformen auf sich aufmerksam macht.

Sie freuen sich auf die „RadKult(o)ur rund um den Skulpturenweg Klosterpark Lamspringe von links: Samtgemeindebürgermeister Wolfgang Pletz, Gerd Rodenbüsch von der „Lamspringer Gesellschaft" sowie die Initiatoren Susanne Schwinn und Uli Schäfer (Foto: Birgit Schulz)

Wer sich durch die Eintragungen des Kulturhandbuchs – über „Holler Art", „Kultur im Fachwerk Hoyershausen" bis zum Gesangverein Algermissen – klickt , wird viel über die Motivation der Menschen erfahren, die hinter all den Angeboten stehen:

Sehr oft ist dort von der Lust am Gestalten die Rede, von der Freude, miteinander zu singen oder das Leben im Dorf durch Kunst und Kultur zu bereichern.

Hier wird einmal mehr bestätigt, was seit Beginn der Kulturentwicklungsplanung ein wichtiges Argument ist:

Wenn Betriebe, Läden, Ämter und Schulen schon längst aus den Dörfern verschwunden sind, tritt die Bedeutung, welche Kunst und Kultur in unserer Gesellschaft erfüllen, umso klarer hervor.

Gerade auf dem Land ist sie – neben Sport und freiwilliger Feuerwehr – ein prägender gesellschaftlicher Faktor. Seit Mitte der achtziger Jahre ist die Zahl der Neugründungen ländlicher Kulturinitiativen eklatant gestiegen – ein Ende dieser Entwicklung ist bislang nicht in Sicht. Offenkundig ist es den Menschen ein großes Bedürfnis – jenseits von Erwerbstätigkeit, ökonomischen Zwänge und Etikette – einen Raum für unmittelbares Erleben. Kreativität und individuelles Gestalten zu finden. Da es kaum vorstellbar ist, staatlicherseits für einen flächendeckenden Ausbau entsprechender Einrichtungen zu sorgen, sind es die Bürgerinnen und Bürger selbst, die hier mit Eigeninitiative und Ideen für neue kulturelle Impulse sorgen. Das Kulturbüro des Landkreises – aus der ehemaligen Abteilung für Kultur- und Heimatpflege hervorgegangen – hat es übernommen, dieses Engagement zu fördern und zu unterstützen. Es leistet Beratung von Kulturinitiativen vor allem in der Gründungsphase und stellt Kontakte zu anderen Einrichtungen her. Hier finden Dialog und Vernetzung nicht nur virtuell im Internet statt, sondern in direkter Begegnung, aus der wiederum – so die grundlegende Idee von Vernetzung – neue Projektideen aus der Region für die Region entstehen können.

Ein Beispiel erfolgreicher Netzwerkarbeit sind die „Tage des offenen Ateliers", die im August 2005 veranstaltet wurden: Über 40 Bildende Künstler öffneten an drei Wochenenden ihre Ateliers für die Öffentlichkeit. Mehr als 3000 Menschen nahmen diese Einladung an, um sich über die ausgestellten Werke auszutauschen und den Landkreis Hildesheim als „Künstlerregion" zu entdecken. Es liegt auf der Hand, dass jedes Atelier für sich allein diese Publikumsresonanz nie erreicht hätte. Hier war ein Netzwerk von großer Tragfähigkeit notwendig, um eine Veranstaltung dieser Größenordnung überhaupt logistisch bewältigen zu können. Die „Tage des offenen Ateliers" sind auch ein Beispiel, wie ein erfolgreiches Projekt neue Ideen auslösen kann: Angeregt durch das große öffentliche Interesse an regionaler Bildender Kunst wurde die

*Tag des offenen Ateliers
Börde-Vorharz.
Elke Brauckmüller aus Holle
(Foto: Birgit Schulz)*

Großes Finale in Heersum vor rauchendem Vulkan, in dem die Familienpizza nach uraltem Rezept wieder gebacken wird (Foto: Birgit Schulz)

Karte „Ateliers und Galerien in der Region Hildesheim" aufgelegt und mit „ART-L(e)ine" eine neue Künstlergruppe gegründet, die im Raum Alfeld arbeitet.

Die Kultur boomt. Ausstellungsmagnete wie die Dokumenta in Kassel oder die MoMa in Berlin, erzielen immer neue Besucherrekorde aufstellen, Opernhighlights mit internationalen Gesangstars erzielen im Fernsehen hohe Einschaltquoten. Dieses große Interesse an Kunst und Kultur zeigt sich auch an regionalen Ereignissen:

Ob „Fredener Musiktage", „Heersumer Sommerfestspiele" (Landschaftstheater im Raum Holle), „Brunkenser Kulturtage", Gronauer „Kultouren" (Kultur-Spaziergänge durch die Samtgemeinde Gronau) oder aktuell „LandArbeit 07 – Kunstprojekt für einen Ort" in Heinde – der Landkreis Hildesheim bietet zahlreiche Beispiele für ambitionierte Kulturprojekte, die sowohl beim Publikum als auch in den Medien auf große Resonanz stoßen.

Trotz der inhaltlichen Unterschiede haben diese Projekte einige Gemeinsamkeiten, die vielleicht zum einen ihren Erfolg erklären:

Landschaft und dörfliches Ambiente dienen als Kulisse der künstlerischen Gestaltung oder werden inhaltlich thematisiert. Gemeinde- oder Ortsgrenzen spielen dabei oftmals keine Rolle, räumlicher Bezugspunkt ist stattdessen die (historisch gewachsene) Region.

Die einheimische Bevölkerung wird in die Durchführung mit einbezogen: Landwirte mähen Wiesen für ein Theaterstück, Anwohner stellen ihren Vorgarten für ein Kunstobjekt zur Verfügung, der Heimatverein schenkt dazu Holunderblütensekt aus und die Freiwillige Feuerwehr sperrt Straßen ab.

Heersum im Wilden Westen (Foto: Gudrun Krone)

Im Gegenzug verzichtet das Publikum auf manche urbane Bequemlichkeit und nimmt gern einige Anstrengung in Kauf: Fußmärsche durch Wiesen, Konzerte in Scheunen oder Ställen, Strohballen statt Polsterstühle. Auf diesem Wege rücken Macher und Publikum eng zusammen und werden zu einer Gemeinde auf Zeit, die das kulturelle Erlebnis teilt.

Es scheint ein wesentliches Erfolgsgeheimnis zu sein, dass ein Anlass geschaffen wird, um die vertraute Umgebung mit neuen Augen zu sehen, seine Nachbarn neu kennen zulernen und eine Beziehung zum (Schlaf-)dorf aufzubauen.

Diese Kulturprojekte sind letztlich ein Ergebnis der langen Umstrukturierungsprozesse des ländlichen Raumes, der den Dörfern zunächst ihr Zentrum – den sprichwörtlichen Dorfplatz unter der Linde – und dann die Landwirte raubte. Auch wenn sich die dörfliche Bevölkerung stark verändert hat, ist das Bedürfnis nach Kommunikation geblieben verbunden mit dem Wunsch, im neuen (alten) Wohnort Wurzeln zu schlagen.

Es ist deswegen kein Zufall, dass einige Aktive der ländlichen Kultur den Begriff der „Heimatpflege" verwenden, wenn sie nach den Motiven für ihr Engagement gefragt werden. Dieser scheinbar altmodische Begriff erfährt hier eine Renaissance und wird mit neuem Leben gefüllt. Gleichberechtigt neben der Rückbesinnung auf dörfliche Traditionen – zum Beispiel historische Bautechniken oder das Anlegen klassischer Bauerngärten – stehen hier aktuelle Formen von Kunst und Kultur, deren Qualität es mit jener in der Großstadt aufnehmen kann.

Darüber hinaus wirken diese kulturellen Projekte nicht nur identitätsstiftend nach „innen" sondern erzielen dank eines professionellen Kulturmanagements der Initiatoren auch eine beträchtliche Außenwirkung. Da die Fördermittel von Gemeinden und Landkreis bei weitem nicht ausreichen, werden überregional Gelder bei Stiftungen und Sponsoren akquiriert und zum Wohle der Region eingesetzt. Mit Hilfe eines entsprechenden Marketings wird neben der ansässigen Bevölkerung auch ein überregionales Publikum angesprochen und zum Besuch des Landkreises Hildesheim eingeladen. Hinzu kommt die Berichterstattung: Konzerte der Fredener Musiktage werden regelmäßig im Hörfunk übertragen, das Fernsehen rückt jedes Jahr mit mehreren Teams bei den Heersumer Sommerfestspielen an, auch über die Tage des offenen Ateliers wurde mehrfach berichtet.

Vorbereitung auf die Fredener Musiktage, in der fast immer ausverkauften Zehntscheune in Freden (Foto: Birgit Schulz)

Hier wird die Wechselwirkung von Kultur, Tourismus und regionalem Marketing, die bereits in den Anfängen der Kulturentwicklungsplanung als ein wichtiges Feld für die Politik des Landkreises benannt wurde, sehr konkret.

Eine lebendige Kulturszene liefert nicht nur die attraktiven Bilder für die Broschüren der Wirtschaftsförderung, sie ist ein Pfeiler ländlicher Infrastruktur. Kultur ist – neben schöner Landschaft und günstigen Verkehrsanbindungen – ein wichtiger Faktor, um bauwillige Familien und neu angeworbenen Fachkräften der ansässigen Unternehmen die Entscheidung für die Region zu erleichtern. Wer möchte schon in menschenleeren Ortschaften leben, die wie ausgestorben wirken?

Sowohl Einheimische als auch Wochenendausflügler, Kurgäste und andere Besucher wünschen sich bei der Fahrt durch den Landkreis eine Region mit offenen Türen, wo man individuelle Entdeckungen machen kann, Menschen trifft (und nicht nur Info-Schaukästen), wo man Ausstellungen und

Konzerte erleben kann und liebevoll eingerichtete Cafés, Restaurants, Hofläden oder Märkte zum Verweilen (und Geldausgeben) einladen.

Mit dem „Reiseführer Hildesheimer Land" wurden genau diese Seiten der Region gesucht, um sie auf zehn ausgewählten Routen den Leserinnen und Lesern vorzustellen. Dieses Buch, von der Stiftung der Sparkasse als direktes Folgeprojekt der Kulturentwicklungsplanung konzipiert und von der Volkshochschule Hildesheim in Zusammenarbeit mit dem Verlag Gebrüder Gerstenberg und einem professionellen Grafikbüro realisiert, wurde seit 2003 bereits zum zweiten Mal aufgelegt und zwölftausendmal verkauft, die meisten Exemplare stehen in Haushalten im Landkreis Hildesheim. Heimat soll wie Urlaub sein.

Es war ein wichtiges Anliegen der Kulturentwicklungsplanung, zu zeigen, das Kultur und Kulturpolitik keineswegs dekoratives Beiwerk sind, sondern eng mit anderen Politikfeldern verknüpft.

Neben Wirtschaft und Tourismus sind dies unter anderem Naturschutz, Raumplanung sowie die Bildung. Das Verhältnis von Kultur und Bildung war zu Beginn der KEP nicht im Zentrum der Debatte. Dies hat sich jedoch – der PISA-Studie sei Dank – in den letzten Jahren grundlegend geändert. Die einst eng gezogenen Ressortgrenzen werden durchlässiger.

Schon seit einigen Jahren bietet der Kreisheimatbund plattdeutschen Unterricht an allgemein bildenden Schulen. Der Sängerbund fördert mit seiner Auszeichnung „Felix" die musikalische Ausbildung schon im Kindergarten.

Das Stadttheater Hildesheim und die Walter-Gropius-Schule, eine Berufbildende Schule des Landkreises, erfuhren im vergangenen Jahr bundesweite Beachtung mit der Inszenierung von Schillers „Räubern", die unter Anleitung eines professionellen Regisseurs von zwei Klassen eines Berufvorbereitungsjahres auf die Bühne gebracht wur-

Hödeken und Räuber Lippold erobern den Rennstieg. Im Rahmen eines Kreativworkshops in der Kulturherberge Werners-höhe gestalten Künstler einen Skulpturenpfad (Foto: Birgit Schulz)

*Weitere Informationen:
www.kulturium.de
Reiseführer Hildesheimer Land.
Wege durch Hildesheim und
Umgebung, Hartwig Kemmerer
(Hg.), Hildesheim 2003,
ISBN 978 -3-8067-8529-7
Wegweiser Ateliers und Galerien
in der Region Hildesheim, Netzwerk
Kultur & Heimat Börde-Leinetal e.V.
(Hg.), kostenlos erhältlich im
Kreishaus, Touristeninformation
und Bürgerbüros*

den. Trauriger Anlass war die brutale Misshandlung eines Jugendlichen durch Mitschüler an einer Hildesheimer Schule, die ebenfalls durch die Medien ging. Die beiden Projektpartner wollten mit diesem Projekt den Jugendlichen jenseits von Handy und Computer eine kreative Auseinandersetzung mit dem Thema Gewalt bieten. Dies scheint in besonderem Maß gelungen, denn die jugendlichen Schauspieler haben nach einem sensationellen Erfolg der „Räuber" aus eigenem Antrieb eine Folgeproduktion auf die Beine gestellt.

Das Stadttheater Hildesheim ist die mit Abstand größte Kultureinrichtung der Region und erhält mit ca. 97% den Löwenanteil der Mittel, die der Landkreis für Kultur vergibt.

Ein solcher Status verpflichtet und zahlreiche Kooperationsprojekte der letzten Jahre belegen, dass das Theater seine Verantwortung als Flaggschiff an- und zahlreiche Kooperationspartner zu neuen Ufern mitgenommen hat. Mit dem „Wunschpavillon" hat es sich nicht nur räumlich der Stadt Hildesheim zugewandt, es wurden auch inhaltlich Impulse gesetzt, indem es aktuelle Themen wie Stadtentwicklung oder Globalisierung aufgegriffen hat.

Die Kulturentwicklungsplanung hat – entgegen allen Mutmaßungen ihrer Kritiker – das Hildesheimer Stadttheater zu keinem Zeitpunkt zur Disposition gestellt. Eine öffentliche Diskussion über die Zukunft des Theaters war jedoch zum damaligen Zeitpunkt kaum möglich und auch nicht gewünscht, obwohl die aktuelle Entwicklung zeigt, wie nötig sie vielleicht gewesen wäre, um diesen kulturproduzierenden und identitätsstiftenden Ort der Region zu erhalten. Zehn Jahre nach Beginn der Kulturentwicklungsplanung war das Theater tatsächlich in Frage gestellt und seine Förderer zum schnellen Handeln gezwungen. Ab der Spielzeit 2007/2008 wird das ehemalige Stadttheater mit der Landesbühne Hannover zum „Theater für Niedersachsen" fusionieren. Dieser Schritt bedeutet sowohl für das Theater als auch für die Menschen im Landkreis eine einschneidende Veränderung: Wenn das Publikum nun die Vorstellungen in Gronau oder Alfeld sieht, ist nicht mehr die ferne Landesbühne aus Hannover sondern das „eigene" Theater zu Gast. Die Region Hildesheim wird für Schauspieler, Musiker und Tänzer zum Heimathafen. Die Fusion stellt für den Landkreis zumindest eine Chance dar, dass das Theater mit seinem Repertoire in der Region präsenter sein wird, als es das alte Stadttheater je war.

Ist Kultur planbar?

Diese Frage stellten zahlreiche Skeptiker, als der Kreistag den Beschluss für die Kulturentwicklungsplanung fasste. Wie schon damals lautet auch heute die Antwort:

Nein, natürlich nicht.

Aber der Blick zurück zeigt auch, wie notwendig es war, angesichts der sich abzeichnenden technologischen Entwicklungen sowie der anstehenden gesellschaftlichen und politischen Reformen auch über die Zukunft von Kultur und Kulturpolitik nachzudenken. Das Internet-Portal „Kulturium" ist hier mehr als nur ein Informationsmedium. Es zeigt, wie sehr sich mit der Kulturentwicklungsplanung der Informationsfluss verbessert hat. Kulturium ist offen für alle Kulturformen und Neulinge haben es leichter, wahrgenommen zu werden. Es zeigt, dass ein regelmäßiger Austausch keineswegs eine ineffiziente Plauderbörse ist, sondern zu innovativen Veranstaltungen führt, die den Nerv der Zeit treffen.

Der Landkreis als Initiator tritt hier zurück von allen ordnungspolitischen Ambitionen und nimmt die Rolle des Moderators und Förderers ein. Der Raum, in dem über Kunst und Kultur öffentlich nachgedacht wurde, hat sich wesentlich vergrößert und ist transparenter geworden. Dazu trägt – neben Kulturium – nicht zuletzt der Kulturbeirat als beratendes Gremium von Politik und Verwaltung bei. Insgesamt lässt sich feststellen, dass sich das Klima, in dem heute Kultur gestaltet wird, wesentlich verbessert hat.

Die zahlreichen Beispiele gelungener Projekte belegen, das Kunst und Kultur sehr ernsthaft und sehr nachhaltig in andere wichtige Politikfelder hineinwirken.

Es bleibt zu hoffen, dass im Landkreis auch in Zukunft Personal und Kompetenzen zur Verfügung stehen, um die Kulturentwicklungsplanung auf Augenhöhe mit den Themen der Zeit weiterzuführen.

„Bildung für alle" –
eine kommunale Aufgabe?

Lernen will gelernt sein

Keine Sonntagsrede von Politikern aller politischen Richtungen zur derzeitigen Befindlichkeit der Bundesrepublik Deutschland – und den notwendigen Veränderungen - kommt ohne den deutlichen Hinweis auf die gegenwärtige und zukünftige Bedeutung von Bildung und besonders „lebenslangen Lernens" aus.

Eine immer lernende Gesellschaft, die lernende Organisation, der lernende Betrieb, die lernende Familie, das lernende Selbst scheinen positive Metaphern für eine gelingende Zukunft zu sein.

Doch leider ist die Sache mit der Bildung und dem Lernen – trotz allen allgemeinen Wissens um ihre Schlüsselfunktion – so einfach nicht. Und nun auch noch beides lebenslang.

Lernen, bis tief in die 1980er Jahre hinein für die Mehrheit unserer Bevölkerung eine Tätigkeit, die im ersten Lebensviertel erfolgreich abzuschließen und dann zu nutzen war, wird nun – vor dem Hintergrund einer sich rapide beschleunigenden Weltentwicklung – selbst zu einer Fähigkeit, die es zu „erlernen" gilt, um über sie dann „lebenslang" verfügen zu können.

Mit der Bildung des Menschen scheint es noch ungleich komplizierter zu sein. Bildung beanspruchte immer als Ziel die Erweiterung der Autonomie des Menschen. „Gebildete Menschen" lassen sich deshalb nur

v.l.: Hartwig Kemmerer, Stadträtin und Vorsitzende der HVHS Dr. Annamaria Geiger, Dr. Birgit Rabofski und Landrätin Ingrid Baule unterschreiben am 9.8.2002 die Vereinbarung zur Vorbereitung der Errichtung einer gemeinsamen Volkshochschule zum 1.1.2005 (Foto: Volkshochschule Hildesheim gGmbH)

mittelbar durch organisierte Lernprozesse herausbilden. Als gebildet bezeichne ich einen Menschen nicht, wenn er ein bestimmtes Maß an „Bildung" erreicht hat, sondern dann, wenn er ständig auf der Suche nach einer dynamischen privaten und gesellschaftlichen Balance zwischen Veränderung und Stabilität bleibt. „Bildung" so verstanden ist unfertig, will unfertig sein und unfertig bleiben. „Bildung" als Quelle ständig neu zu erwerbenden Sinnvergewisserung.

Menschen mit positiven Lern- und Bildungsbiografien, also die eher Erfolgreichen in den verschiedenen Bereichen des Lebens, hatten und haben damit kaum Probleme.

Sie besaßen und besitzen beste Voraussetzungen sich erfolgreich zu bilden und weiterzulernen, weil ihre persönlichen Erfahrungen die Sinnhaftigkeit von bilden und lernen bestätigten. Ihnen sind die Zugänge zu den Einrichtungen des Lernens, zu den Lernstrukturen selbstverständlich und deren zielgerichtete Nutzung auch.

Wie steht es jedoch mit dem großen Teil unser Mitbürgerinnen und Mitbürger, deren bisherige Biographie diese zentralen positiven Erfahrungen von Bildung und Lernen aus unterschiedlichen privaten und gesellschaftlichen Gründen nicht bereitgehalten hat?

Wer schafft und ermöglicht ihnen die Zugänge zu dieser zukunftsnotwendigen Schlüsselkompetenz „Lernen lernen"?

Lernorte für Erwachsene in Stadt und Landkreis Hildesheim

Einer der zentralen Orte, der zu organisieren war, ist und bleibt – trotz sich weiter entwickelnder E-Learning Strukturen und medialer Hilfskonstruktionen – die Volkshochschule als der kommunale bürgernahe Lernort.

Kein anderer öffentlicher Lernort, keine andere politische Bildungsverantwortung kann bisher bürgernäher in ihren Möglichkeiten und Auswirkungen auf den einzelnen zugehen, als die kommunal verortete VHS.

Viele empirische Untersuchungen belegen, dass die Bereitschaft von Bildungsungewohnten an Bildungs- und Lernprozessen teilzunehmen, unter anderem stark von der Entfernung zu den Lernorten und von dem Erscheinungsbild der Lerninstitutionen abhängig ist. Dies prädestiniert Kommunen als ideale Orte, Lernprozesse für möglichst alle zu realisieren.

Der Landkreis und die Stadt Hildesheim waren und sind positive Beispiele für eine erfolgreiche Kommunalität von Lernorten und Lerngelegenheiten. Dies war und ist beiden Gebietskörperschaften wesentlicher Auftrag öffentlicher Daseinsvorsorge.

Schon 1969, also vor in Krafttreten des ersten niedersächsischen Erwachsenenbildungsgesetzes und früher als die meisten niedersächsischen Städte, baute die Stadt Hildesheim ihre Volkshochschule. Zwar stellte sich das damals realisierte Konzept der Volkshochschule als „Abendschule der Nation" schnell durch die gesellschaftliche Entwicklung als zu kurz gegriffen heraus. Trotzdem markiert dieser erste eigenständige Volkshochschulbau in Hildesheim rückblickend die wachsende Aufmerksamkeit und die wahrgenommene kommunale Verantwortung.

Dieses „früher als andere" verzögerte dann allerdings lange die zeitgemäße und der Größe der Stadt angemessene Weiterentwicklung zum ganztägigen außerschulischen kommunalen Lernort in einer sich in vielem grundlegend verändernden Gesellschaft.

Erst zum Sommer 1995, diesmal 15 Jahre später als andere vergleichbare Städte in Niedersachsen, ermöglichte die Stadt einen Umzug der Volkshochschule in das derzeit genutzte Gebäude am Pfaffenstieg.

Dieser Umzug schaffte nicht nur physisch neuen Raum, sondern schuf auch die Voraussetzung sich weiteren Adressatengruppen für lebenslanges Lernen wie Kindern, jungen Erwachsenen und älteren Mitbürgerinnen und Mitbürgern zu öffnen.

Dieses mittlerweile alle Lebensalter umfassende Konzept ist bis heute weiter gewachsen und steht derzeit konstitutiv für die außerschulische Bildungsarbeit der Volkshochschule. Bildung für alle muss an zentralen Lernorten stattfinden können, die alle Bürger und Bürgerinnen erreichen können. Sie muss an Orten stattfinden, die sich in ihrer Gestaltung und Ausstattung an uns alle richten, uns in unseren gemeinsamen und spezifischen Lernbedürfnissen und -wünschen angemessen abholen und erreichen. Lernen muss in den jeweiligen Lebenswelten konstitutiv werden, mit diesen dauerhaft zu tun haben und bei der Bewältigung von Lebenslagen hilfreich und nützlich sein. Dabei ist Ziel des Lernens immer mehr als nur der Erwerb von Fähigkeiten und Fertigkeiten, sondern es ist immer gleichzeitig auch die Chance zu Aneignung von Lebenskompetenz und damit Bildung.

Diese Weiterentwicklung kommunaler Bildungsorte haben in Rat und Verwaltung der Stadt Hildesheim sensible und offene Förderer gefunden. Beide dokumentieren damit, nicht nur auf gesellschaftliche Entwicklungen zu reagieren, sondern ihnen auch vorausschauend Raum zu geben.

2006 wird für die kommunale Perspektive der Volkshochschule als einer „Bildungseinrichtung für alle" ein wichtiges Jahr in Hildesheim. Im August 2006 wird an der Steingrube ein bisher in Niedersachsen einmaliges Mehrgenerationenhaus fertig gestellt. Dessen hervorragende Aufgabe wird es sein, ein erfolgreicher Lernort für gemeinsames Lernen der Generationen – eben für alle – zu werden.

Mit diesem generationenübergreifenden Begegnungs-, Beratungs- und Lernort ist die Stadt Hildesheim – in finanziell schwierigen Zeiten – vielen Städten in Niedersachsen nun erneut einen Schritt voraus. Individuelles Lernen wird hier ebenso seinen Platz finden, wie gegenseitige Förderung und Stützung und die Entwicklung gesellschaftlichen Engagements.

*Die Hildesheimer Volkshoch-
schule am Paffenstieg,
Ecke Burgstraße
(Foto: Volkshochschule
Hildesheim gGmbH)*

Im Landkreis Hildesheim selbst gab und gibt es seit seiner Gründung große Bemühungen ein flächendeckendes Angebot so bürgernah wie möglich zu erbringen. Dies
gestaltet sich in autonomen Strukturen in der Fläche wesentlich komplizierter. So
bleibt Bildung und Lernen durch Volkshochschulveranstaltungen in der Fläche weiter
angewiesen auf die Mitnutzung vorhandener Lernorte (in der Regel Schulen).

Durch die Entwicklung der Volkshochschule von der „Abendschule der Nation"
zum ganztags Lernort Erwachsener, wurde die Bedeutung eigener Lernorte auch im
Landkreis immer bedeutsamer.

Heute verfügt die seit 2005 aus der Hildesheimer Volkshochschule e.V. und der
Kreisvolkshochschule Hildesheim hervorgegangene Volkshochschule Hildesheim
gGmbH nicht nur über eigene Räume in der Stadt, sondern auch in Alfeld, Sarstedt
und Bad Salzdetfurth. Durch Kooperationen mit örtlichen Kulturträgern gelingt es
zunehmend (Beispielsweise in Gronau) erwachsenenbildungsgeeignete Räume nutzen
zu können, die einen zeitgemäßen Rahmen für Lerner bieten.

Die Volkshochschule ist die zeitnahe und zukunftsfähige Antwort auf kommunale
Verortung „lebenslangen Lernens". Eine Stadt und ein Landkreis, die ihrer Bevölkerung
Lernräume bauen, hat mehr als einen nur einen erfolgreichen Schritt getan, aus den
Formeln über die Bedeutung des „lebenslangen Lernens" und der „Bildung für alle" in
politischen Sonntagsreden herauszukommen.

In einer Zeit, in der die Lernbereitschaft großer Bevölkerungsteile politische und
ökonomische Voraussetzung für erfolgreiche Entwicklung ist und in einer Zeit, in der
veränderte demographische Strukturen lebenslange Lernbereitschaft und Möglichkeiten geradezu konstitutiv erforderlich machen, ist das Handeln am Montag, existenziel-
ler als die Sonntagsrede. Stadt und Landkreis Hildesheim haben das erkannt.

Lernen „nah" zu ermöglichen um dem Wunsch nach einer „Bildung für alle" nahe
zu kommen, ist mehr denn je zentrale Aufgabe kommunaler Daseinsvorsorge und
kommunalen Existenzinteresses, zumal in Gesellschaften, die nur eine Zukunftschance
haben: von ihrer gelehrten und gebildeten Bevölkerung auch materiell leben zu können.

*Umliegende Seite:
Räuber-Lippoldshöhle
bei Brunkensen
(Foto: Shantala Fels)*

Vermittler zwischen Geschichte und Zukunft

Die Landschaft und der Land-
schaftsverband Hildesheim e.V.

Wappen der Landschaft des ehemaligen Fürstentums Hildesheim (Foto: Kreisarchiv / Pressestelle Landkreis Hildesheim)

Einst residierte sie im „Haus der Landschaft", dem prachtvollen Gebäude an der Straße Am Steine, das nach ihr benannt ist, der „Landschaft des ehemaligen Fürstentums Hildesheim". Mit ihrer bis in das Mittelalter zurückreichenden Tradition ist sie wohl eine der interessantesten Institutionen im Hildesheimer Raum.

Zur Geschichte der „Landschaft"

Die mittelalterlichen Fürsten waren alles andere als Alleinherrscher. Nicht nur der Adel und die höhere Geistlichkeit hatten ein Mitspracherecht, auch das städtische Bürgertum gewann im Lauf der Zeit einen Anspruch darauf, angehört zu werden. Diese drei bildeten die klassischen (Land-)Stände. Die Standesgenossen jeder Gruppe präsentierten sich zum einen in ihrem jeweiligen Stand als abgeschlossene, homogene Gruppe, da jede durchaus eigene Interessen verfolgte. Zum anderen aber, nicht zuletzt, weil dem Fürsten ein geeintes und handlungsfähiges Gegenüber präsentiert werden musste, schlossen sie sich in einer Korporation zusammen, genannt „Landschaft". Diese Bedeutung des Wortes war in der Frühen Neuzeit jedem bekannt; der Begriff Landschaft im geographischen Sinn entwickelte sich erst seit dem späten 18. Jahrhundert.

Mit der Landschaft stand dem Fürsten eine Vertretung des Landes gegenüber, die man bei einigem guten Willen als eine Vorform der modernen Parlamente ansehen kann. Die hier angesprochene Ständebewegung war, beginnend im 12. Jahrhundert, eine gesamteuropäische Erscheinung. In Deutschland setzte die Ausbildung einzelner Stände im 14. Jahrhundert ein; im Hochstift Hildesheim entwickelte sich im 15. Jahrhundert eine landständische Ordnung. Von 1235 bis 1803 war Hildesheim ein selbstständiges Fürstentum mit dem Bischof als Landesherrn. Er regierte wie alle Landesherren sein Territorium gemeinsam mit den Landständen. Bis ins 17. Jahrhundert hinein standen beide Seiten dabei durchaus in einem wechselseitigen Abhängigkeitsverhältnis.

Die Landschaft bestand im Fürstbistum Hildesheim ursprünglich aus vier „Kurien": dem Domkapitel, den sieben Stiftern (Klöster), der Ritterschaft und den Städten. Ihre Vertreter waren durch Geburt oder Amt Mitglieder der Ständeversammlung. Die Stadt Hildesheim beteiligte sich allerdings nur, wenn es um die Umlage der Reichssteuern ging und war ansonsten auf ihre Unabhängigkeit bedacht. Jede Kurie beschäftigte eigene Mitarbeiter, die Syndici.

Der zunehmende politische Einfluss der Stände hatte in Hildesheim wie überall einen Angelpunkt: das Geld. Das am eifersüchtigsten gehütete Recht der Stände bestand in der Steuerbewilligung. Damit war ihnen ein Machtinstrument in die Hand gegeben, denn ohne Geld ging auch schon in früheren Jahrhunderten gar nichts. Und der Finanzbedarf der Fürsten war enorm. Als sie im 15. Jahrhundert alle in Schulden versanken, war die Geldfrage ein Problem, das dementsprechend stets aufs Neue auf der Tagesordnung stand. Daher entwickelten sich jetzt gewisse feste Formen des Zusammentritts der Landstände auf den Landtagen. Und hier ging es dann in erster Linie um die Finanzen, „Landtage sind Geldtage". Die Landschaft des Fürstentums Hildesheim fand sich einmal im Jahr zu einem Landtag zusammen, ab 1232 zunächst „Auf dem Roden", oberhalb von Detfurth, unter freiem Himmel, wo heute eine Granitsäule an den historischen Ort erinnert. Doch schon mit der Hildesheimer Stiftsfehde 1523 verlagerte sich der Tagungsort nach Hildesheim. Aus dem Recht der Steuerbewilligung leiteten sich weitere Mitbestimmungsrechte der Stände ab; so waren sie im 16.

Jahrhundert auch an der Gesetzgebung beteiligt. Den wachsenden Aufgaben folgte die Schaffung einer eigenen Verwaltung und landschaftlicher Behörden.

Das politische Gewicht der Stände, ja selbst ihre konkrete Zusammensetzung, schwankten nach Zeiten und Gebieten, denn ihre Rechte waren weder einheitlich noch schriftlich festgelegt. Den größten Einfluss besaßen sie sicher im 15. und 16. Jahrhundert, bevor im Zeitalter des Absolutismus die Fürsten überall ihren Alleinherrschaftsanspruch durchzusetzen versuchten und den Einfluss der Stände dementsprechend mehr oder weniger stark zurückdrängten – im Gebiet des heutigen Niedersachsen mit nicht allzu großem Erfolg. Die Position der Stände im staatlichen Gefüge blieb erhalten.

Den großen Einschnitt brachte das 19. Jahrhundert. Im Jahr 1802 wurde das Fürstbistum Hildesheim säkularisiert und als Ersatz für den Verlust dessen linksrheinischer Gebiete Preußen überlassen. Die Landschaft überstand auch das. Zwischen 1807 und 1813 war Hildesheim dann Teil des Königreichs Westphalen, das Napoleons Bruder Jérôme regierte. Jetzt schien die Landschaft überflüssig und wurde kurzerhand aufgehoben. Da im Zuge der Restauration Europas nach den napoleonischen Kriegen Preußen auf Hildesheim verzichtete, fiel das Gebiet 1813 an das im folgenden Jahr zum Königreich aufgewertete Hannover. Anders als in den übrigen hannoverschen Gebieten, in denen die Landschaften erhalten geblieben waren, musste diese in Hildesheim nun neu gegründet werden. Dabei erfuhr sie in ihrer Zusammensetzung eine Veränderung. Die Kurien des Domkapitels und der Klöster löste eine Verordnung vom 26. Oktober 1818 auf, während die Städtekurie drei Vertreter der Bauernschaft aufnahm. Diskussionen um eine Erweiterung der Landstände durch selbständige Bauern gab es allgemein seit der Verbreitung des Gedankengutes der Aufklärung im 18. Jahrhundert.

Gleichzeitig wurden die Rechte und Pflichten der Landschaft reduziert. Die Angelegenheiten, die das ganze Königreich betrafen, übertrug die Regierung von den nun

Das Kaiserhaus am Alten Markt
(Foto: Archiv HAZ)

so genannten Provinzialständen auf die allgemeine hannoversche Ständeversammlung, die Vorläuferin des heutigen Landtags. Doch letztlich war es wohl diese Reduzierung, welche die Landschaften, die damit von der überregionalen Entwicklung abgekoppelt waren, überleben ließ. Einfluss besaßen sie noch immer. Das Landesverfassungsgesetz von 1840 bestimmte: „Die Provinziallandschaften haben das Recht der Zustimmung zur Erlassung, Wiederaufhebung, Abänderung und autentischen Interpretation aller Provinzialgesetze, durch welche die persönliche Freiheit, das Privateigentum oder sonstige wohlerworbene Rechte der Untertanen entzogen oder beschränkt werden ... Größere Rechte, wo sie bestehen, sollen hierdurch ebenso wenig ausgeschlossen werden, als das ratsame Gutachten bei anderen Provinzialgesetzen. Provinzielle Abgaben und Lasten bedürfen der Bewilligung der Provinzialstände."

Die Schlacht von Langensalza war der Anfang vom Ende des Königreichs Hannover. 1866 wurde es von Preußen annektiert und in die Provinz Hannover umgewandelt. Schon im folgenden Jahr regelte eine königliche Verordnung vom 22. September 1867 die Stellung der Landschaften. Die Provinziallandschaften im Gebiet des früheren Königreichs Hannover blieben als „besondere Korporationen" unter Aufsicht der Staatsregierung erhalten, sollten sich künftig aber nicht mehr als Ständeversammlungen, sondern nur noch als Landschaften bezeichnen. Viele alte Rechte, insbesondere die Mitsprache bei der Gesetzgebung, wurden ihnen jedoch aberkannt. Ihr Tätigkeitsfeld beschränkte sich nun auf kommunale Angelegenheiten des jeweiligen Landschaftsgebiets. Zu diesem Zweck verwalteten sie den landschaftlichen Besitz, landschaftliche Stiftungen und andere Einrichtungen und sie durften in ihrem Bezirk für Zwecke der Landschaft Beiträge und Leistungen erheben, allerdings nur mit staatlicher Genehmigung. Die hannoversche Regierung überließ der Landschaft auch das Haus Am Steine, das 1715 als Domherrenkurie errichtet worden und nach der Säkularisation in staatlichen Besitz gelangt war.

Die Organisation der Landschaft erfuhr in preußischer Zeit eine Neuerung durch die Einrichtung einer eigenen Kurie für die ländlichen Grundbesitzer. Die Landschaft bestand nun aus drei Kurien: den Rittergutsbesitzern, den Vertretern der Städte und denen der grundbesitzenden Bauernschaft. So wurde es auch in der ersten schriftlichen Verfassung der Landschaft vom 22. September 1886 festgeschrieben, die im Prinzip noch heute gilt. Erhalten blieb ihr auch der geographische Zuständigkeitsbereich. Er ist noch immer identisch mit dem Gebiet des ehemaligen Hochstifts Hildesheim, führt also deutlich über den heutigen Landkreis Hildesheim hinaus. Im einzelnen sind es die Gebiete der alten Landkreise Hildesheim, Marienburg, Alfeld und Peine, der Raum Dassel im Landkreis Northeim, Teile der Landkreise Goslar und Wolfenbüttel, der Region Hannover und der Stadt Salzgitter. Die Landschaft bezieht sich damit, anders als so mancher moderner Gebietszuschnitt, auf den historisch gewachsenen Kulturraum.

Die Landschaft heute

Dass im Gebiet des ehemaligen Königreiches Hannover die sechs historischen Landschaften in ungebrochener Tradition bis heute existieren, ist in der Bundesrepublik Deutschland ein Sonderfall. Ihre Existenz sowie die der historischen Ostfriesischen Landschaft wurde vom Land Niedersachsen garantiert, ja aus guten Gründen sogar gefördert.

Die Landschaft, eine Einrichtung des öffentlichen Rechts, besteht noch immer aus den drei Kurien, die im 19. Jahrhundert entstanden, wenngleich sie, soweit nötig, modernen Verhältnissen angepasst wurden. Die erste Kurie bildet die Ritterschaft, womit hier nicht die waffentragenden Reiterkrieger des Mittelalters bezeichnet werden. Der Ritter definiert sich vielmehr als Eigentümer eines landtagsfähigen Gutes des ehemaligen Fürstentums Hildesheim. Diese Güter finden sich eingetragen im Rittermatrikel; es sind derzeit 41, nämlich die Rittergüter in Ahrbergen, Altenrode, Banteln, Bavenstedt, Betheln, Binder, Bodenburg, Brüggen, Dorstadt, Dötzum, Elze I, Elze II, Equord, Esbeck, Freden, Friedrichhausen, Gadenstedt, Garmissen, Giften, Gleidingen, Gronau III, Harbarnsen, Heinde, Heiningen, Hoppensen, Lüdgerode, Neu Oedelum, Oberg, Ostlutter, Rössing, Rosenthal, Schladen, Schwichelt, Söder, Söderhof, Vienenburg, Alt-Wallmoden, Wendhausen I, Wendhausen, Wrisbergholzen und Wispenstein. Die Ritterschaft in ihrer Gesamtheit ist ebenfalls eine Körperschaft des öffentlichen Rechts und orientiert sich an den Statuten für die Hildesheimer Ritterschaft vom 10. Oktober 1894. Ihr steht der präsidierende Landschaftsrat vor, derzeit Herr Johann Wätjen aus Altenrode, der von zwei Landschaftsräten unterstützt wird, das sind zur Zeit Herr von Garmissen aus Friedrichhausen und Herr von Alten aus Söderhof. Der Syndikus, der sich um die laufenden Geschäfte kümmert, ist in der Regel derjenige der Landschaft, es sei denn die Ritterschaft wählt einen eigenen.

Die Mitglieder der Kurie treffen sich jährlich auf dem stets auf einem anderen Gut stattfindenden Rittertag, dem höchsten beschlussfassenden Organ. Heute kümmert sich die Ritterschaft um Kultur und Soziales und vergibt aus einem Unterstützungsfond unter anderem Stipendien an Schüler und Studenten.

Die zweite Kurie bilden zehn Vertreter der Städte Hildesheim, die als einzige zwei Vertreter entsendet, Alfeld, Goslar, Peine, Bockenem, Elze, Gronau, Sarstedt und Dassel, die jeweils von ihrem Stadtrat gewählt werden. In der dritten Kurie sitzen Vertreter der ländlichen Grundbesitzer, soweit sie nicht bereits in der ersten oder zweiten Kurie vertreten sind. Sie werden heute von den zuständigen Kreistagen gewählt.

In dieser Zusammensetzung tritt die Landschaft, wie in ihrer Satzung festgelegt, einmal im Jahr zum ordentlichen Landtag unter Leitung des Vorsitzenden der Kurie der Ritterschaft zusammen. Zwischen den Landtagen kümmert sich ein Ausschuss, gebildet aus je zwei Vertretern jeder Kurie, um die laufenden Geschäfte, während die Verwaltung in der Hand eines Landsyndikus liegt. Seit 1981 nimmt diese Aufgabe Ministerialdirigent Ignaz Jung-Lundberg wahr.

Im Haus Am Steine findet man die Landschaft heute nicht mehr. Das Gebäude wurde 1945 zerstört. Die Ruine gelangte nach dem Krieg in den Besitz des Landes

Niedersachsen und durch Tausch 1967 an die Stadt Hildesheim, die ab 1975 in dem wiederaufgebauten Gebäude Stadtbibliothek und Stadtarchiv unterbrachte. Letzteres befindet sich noch immer dort. Die Landschaft erhielt stattdessen Grundstücke an der Burgstraße. Sie selbst residierte aber zunächst im Haus der Landschaftlichen Brandkasse am Almstor, wo noch heute ein Wappen an der Hausfront an diese Zeit erinnert, bis sie in die Burgstraße Nr. 29 umzog. Seit 1998 ist ihre Adresse das von der Landschaft errichtete neue Kaiserhaus am Alten Markt.

Das entscheidende Vermögen der Landschaft ergibt sich aus ihrer Teilhabe an der Versicherungsgruppe Hannover (VGH). Eines der beiden großen Gründungsunternehmen, die sich 1957 zur VGH zusammenschlossen, war die Landschaftliche Brandkasse Hannover, deren Name schon auf die Träger deutet: die sechs historischen Landschaften des ehemaligen Königreichs Hannover, die seit 1750 Brandversicherungen gegründet hatten. Sie gehören bis heute zur Trägerschaft der VGH.

LANDSCHAFTSVERBAND
HILDESHEIM e.V.

Der Landschaftsverband

Seit den 1960er Jahren wurden in Niedersachsen, wie ähnlich sonst nur noch in Nordrhein-Westfalen, Landschaften und Landschaftsverbände in der Regel als eingetragene Vereine zur Kulturförderung gegründet. Auf Initiative und unter Führung der Landschaft, die noch immer im Wesentlichen den Verband trägt, entstand 1971 der Landschaftsverband Hildesheim e.V., um eine engere Zusammenarbeit mit den kommunalen Gremien in die Wege zu leiten. Die Bezeichnung Landschaftsverband wurde im Gebiet des ehemaligen Königreichs Hannover gewählt, um Verwechslungen mit den historischen Institutionen vorzubeugen, gleichzeitig aber die besondere Rolle der Landschaften in den Vereinen zu betonen. Im übrigen Niedersachsen nennen sich die entsprechenden Einrichtungen Landschaften, da parallel keine historischen Organisationen mehr existieren. Dreizehn solcher neuen Einrichtungen gibt es heute im Niedersächsischen, zusammengeschlossen in der Arbeitsgemeinschaft der Landschaften und Landschaftsverbände in Niedersachsen (ALLviN). Sie sind damit fast flächendeckend aktiv, eine Ausnahme bildet lediglich der Großraum Hannover.

Bei Gründung des Verbands in Hildesheim umfasste dieser zunächst nur die Landschaft, die Städte und Heimat- und Geschichtsvereine der Region als Mitglieder. Mittlerweile sind alle Gemeinden des Landkreises Hildesheim dabei und seit 1986 der Landkreis selbst. Dem Landschaftsverband kann also der Kontakt zur aktuellen Politik nicht verloren gehen. Hinzu kommen die Stadt Dassel, die Hohe Domkirche zu Hildesheim und die Universität Hildesheim. Kultur-, Museums-, Heimat- und Geschichtsvereine vervollständigen das Bild der Mitglieder. Der Landschaftsverband trägt so schon allein auf Grund seiner Zusammensetzung zu einer Vernetzung des kulturellen Schaffens bei. Laut Satzung ist sein Tätigkeitsgebiet wie im Fall der Landschaft identisch mit dem Gebiet des ehemaligen Fürstentums Hildesheim. In der Praxis aber beschränkt man sich auf den Landkreis Hildesheim und die Stadt Dassel.

Den Vorstand bilden satzungsgemäß zunächst der Landrat/die Landrätin des Kreises Hildesheim und der Oberbürgermeister/die Oberbürgermeisterin der Stadt, die sich im Vorsitz alle zwei Jahre abwechseln. Seit dem 1. Januar 2008 ist der Vorsitzende Landrat Reiner Wegner. Weiter sitzen im Vorstand Vertreter der Mitgliedsgruppen, jeweils gewählt auf Vorschlag ihrer Abteilung. So zunächst ein Vertreter der Landschaft des vormaligen Fürstentums Hildesheim, derzeit Nikolaus Graf Kielmannsegg aus Heinde, ein Vertreter der Mitgliedsstädte und –gemeinden, zur Zeit der Bürgermeister von Bad Salzdetfurth Erich Schaper, und schließlich ein Vertreter der Kultur-, Geschichts- und Heimatverbände, aktuell der Vorsitzende des Hildesheimer Heimat- und Geschichtsvereins, der Stadtarchivar Professor Dr. Herbert Reyer. Den Beirat des Vereins bilden je drei Vertreter des Landkreises, der Stadt Hildesheim, der übrigen Städte und Gemeinden, der Landschaft und der Vereine. Da die Geschäftsführung gekoppelt ist mit der Stelle des Landsyndikus der Landschaft, liegt auch sie seit 1981 in den Händen von Ignaz Jung-Lundberg.

Förderung der Kultur

Ziel des Landschaftsverbands ist laut Satzung vor allem die Unterstützung der Kultur und Heimatpflege, im weitesten Verständnis, in der Region Hildesheim, ergänzend zur Kulturförderung der Kommunen und Kommunalverbände. Er verwirklicht dies auch durch Vereins-Maßnahmen, in erster Linie aber über finanzielle Unterstützungen, die durch eigene Mittel, Beiträge, regelmäßige Spenden der VGH-Stiftung und Zuwendungen des Landes ermöglicht werden. Davon profitierten schon viele kommunale und freie Träger und auch Privatpersonen. Kunstprojekte und freie Theatergruppen, Musikdarbietungen und Denkmalpflege, Heimatkunde, Geschichts- und Familienforschung, Buchveröffentlichungen, aber auch die Erforschung, Erhaltung und Gestaltung der natürlichen Landschaft sind Unterstützungsgebiete des Verbands. Seine Zuwendungen stecken, um nur Beispiele zu nennen, im Knochenhaueramtshaus und im Neubau des Roemer-und-Pelizaeus Museums wie im Silberschatz des Stadtmuseums. Er trug zur Restaurierung der Uppener Johannes-Nepomuk-Figur an der B1 ebenso bei wie zu der eines frühmittelalterlichen Triumphkreuzes im Goslarer Stift „Großes Heiliges Kreuz". Neben der Förderung zahlreicher großer und kleinerer Einzelprojekte unterstützt der Verband regelmäßig das Derneburger Glashaus, die Fredener Musiktage, den Lamspringer September und die künstlerischen Aktivitäten im „Bullenstall" auf dem Gelände des Bodenburger Schlosses. Die Wirkung dieser Förderung reicht weit über die Region Hildesheim hinaus. In jüngster Zeit fördert der Landschaftsverband insbesondere das „Instrumentenkarussell". Die Initiative kümmert sich ein Jahr lang in Zusammenarbeit mit der Musikschule Hildesheim e.V. um die musikalische Ausbildung von Kindern im Grundschulalter. Das besondere daran: die Kinder dürfen ausprobieren, welches Instrument für sie das jeweils richtige ist und die tragbaren Instrumente mit nach Hause nehmen.

Mit der Auflösung der Bezirksregierungen im Land Niedersachsen am 1. Januar 2005 wurde die Position des Landschaftsverbandes auf dem Gebiet der Unterstützung kultureller Projekte gestärkt. Er übernahm die bisher von den Bezirksregierungen durchgeführte regionale Kulturförderung mit Landesmitteln, während die überregionale nach wie vor beim Kultusministerium liegt. Am 1. Januar 2006 wurde die Aufgabe erweitert um die Jugendkunstschulen. Der Landschaftsverband und die ihn wesentlich tragende Landschaft sind damit zu einer Schaltstelle der regionalen Kulturförderung geworden. Diese, die im reich gegliederten Land Niedersachsen Tradition hat, liegt damit bei einer Institution, die nah an den Kulturschaffenden ist, unter anderem weil sie sich selbst auf einen historisch gewachsenen Kulturraum bezieht. Die Landschaften waren prädestiniert, sich an dieser kulturellen Aufgabe zu beteiligen. Eine alte Institution, die sich modernen Aufgaben widmet und dazu beitragen kann, die Verwurzelung der Menschen in ihrer Region zu fördern, eine regionale Identität zu schaffen. Eine Aufgabe, die in der modernen globalisierten Welt immer wichtiger wird.

Literatur

Jung-Lundberg, Ignaz: Die Landschaft des vormaligen Fürstentums Hildesheim, in: Jahrbuch des Landkreises Hildesheim 1987, S. 75ff.
Ders.: Landschaft und Landschaftsverband – Orte regionaler Kulturförderung, in: Hildesheim: Modernes Leben in einer Kulturstadt, Hildesheim 2005, S. 74ff.
Knopp, Werner: Kultur der Regionen – Die Landschaften und Landschaftsverbände in Niedersachsen, Vortrag, gehalten beim „Abend der Landschaften" am 13.2.1997 in Hannover, Zentralverwaltung der VGH (http://www.allvin.de/vortrag_knopp.html; 21.7.2007)
Reyer, Herbert: Wie das „Haus der Landschaft" in den Besitz der Stadt kam: Ein Blick in die Landtagsprotokolle von 1967, in: Aus der Heimat, 2.9.2000
Schubert, Ernst: Landtag und Landstände – Vorformen des Parlamentarismus, Vortrag, gehalten am „Tag der Landesgeschichte" 7.4.2005 im Landtag zu Hannover (http://landtag-niedersachsen.de/Aktuelles/landesgeschichte/vortragssammlung/2005/060_schubert_070405.htm; 28.7.2007)
Wangenheim, Adolf Freiherr von: Alte und neue Landschaften in Niedersachsen, Vortrag, gehalten auf dem Klosterkammertag im Kloster Barsinghausen, 7.9.1993, hg. mit freundlicher Genehmigung des Verfassers vom Landschaftsverband Südniedersachsen e.V. (http://www.landschaftsverband.org/verband/vortrag-wangenheim-1993.html; 21.7.2007)

*Platz 1 in der Kategorie
Landschaft und Natur
„Sonnenblumen in Marienrode"
von Gottfried Klaiber
aus Hildesheim*

„Haben Sie ein Auge
für die Region?"

Unter diesem Motto wurde zum 30-jährigen Bestehen des neuen Landkreises Hildesheim ein Fotowettbewerb ausgeschrieben. Zu diesem Wettbewerb sind knapp 1.000 Fotos von rund 200 Teilnehmern eingegangen. In die Endausscheidung gelangten 150 Fotos, die von einer unabhängigen Jury bewertet wurden.

Preise vergeben wurden in den Kategorien: Landschaft und Natur, Orte und Architektur, Menschen und Veranstaltungen und Arbeit und Technik. In der Kategorie „Historie" gelangten nur vier Arbeiten in die Endrunde. Die Jury hat daher in dieser Kategorie nur einen Sonderpreis vergeben.

Platz 1 in der Kategorie
Orte und Architektur
„Rathaus in Alfeld bei Nacht"
von Peter Leußner
aus Alfeld

*Platz 1 in der Kategorie
Menschen und Veranstaltungen
„Am Ende des Tages (Kinder)"
von Andreas Heemsoth
aus Banteln*

*Platz 1 in der Kategorie
Arbeit und Technik
„Fagus GreCon Schuhleisten"
von Meike Heinbokel aus Alfeld*

*Sonderpreis in der Kategorie 4
Historie „Trecker
Letze ALF Kfz-Kennzeichen
des Landkreises Alfeld"
von Leo Krystoflak aus Elze*

Kleine Geschichte
des Landkreises Hildesheim

100 000 v. Chr.	erste Siedlungsspuren im Landkreis
zwischen 5500 und 2200 v. Chr.	bandkeramische Siedlung bei Barnten
um 815 n. Chr.	Hildesheim wird Bischofssitz
872	Vollendung des ersten steinernen Dombaus
8./9. Jahrhundert	Entstehung der geistlichen Niederlassungen Lamspringe und Gandersheim
	Bau der Burganlagen Hohe Schanze und Winzenburg
10. Jahrhundert	Königshof der Ottonen in Brüggen
um 1007	Außengrenze des späteren Landkreis Hildesheim im Süden und Westen
	Gau-Einteilung des ostfälischen Raumes
993 bis 1022	Amtszeit Bischof Bernward
1235	Bischof wird Landesherr; erste Stadtrechtsverleihungen
1519 bis 1523	Hildesheimer Stiftsfehde; Großes Stift fällt an Welfen („Quedlinburger Rezeß")
1618 bis 1648	Dreißigjähriger Krieg
1643	Großes Stift fällt wieder an den Bischof zurück
ab 1802	Landkreis Hildesheim gehört wechselweise zu Königreichen Westfalen, Hannover und mehrmals zu Preußen
6. Mai 1884	Übertragung der preußischen Kreisordnung auf Provinz Hannover, Auflösung der Ämter und Bildung von Landkreisen
1. April 1885	Bildung der Landkreise Hildesheim, Marienburg, Gronau und Alfeld
6. November 1895	Bahnverbindung Hildesheim – Hämelerwald entsteht
1914 bis 1918	Erster Weltkrieg
4. Mai 1919	erste allgemeine, gleiche, direkte und geheime Kreistagswahlen
1932	Preußische Verwaltungsreform; Vereinigung der Landkreise Gronau und Alfeld
1933	Machtergreifung der Nationalsozialisten
3. März 1936	Abschaffung der Kreistage
1939 bis 1945	Zweiter Weltkrieg
25. Juni 1941	Die Gemeinden Wartjenstedt, Binder, Rhene, Baddeckenstedt, Groß Elbe, Klein Elbe, Gustedt, Groß-Heere, Klein-Heere und Sehlde werden aus dem Landkreis Marienburg aus- und in den Landkreis Wolfenbüttel eingegliedert.
1942	gemeinsamer Landrat für Kreise Hildesheim und Marienburg
22. März 1945	Bombardierung Hildesheims
1945	Hildesheim wird britische Besatzungszone
31. Dezember 1945	erste Sitzung des gemeinsamen Kreistages von Hildesheim und Marienburg
20. Februar 1946	konstituierende Sitzung des Alfelder Kreistages
1. Juni 1946	Vereinigung der Landkreise Hildesheim und Marienburg zum Kreis Hildesheim-Marienburg

Gegenüber:
Gradierwerk im Kurpark
von Bad Salzdetfurth
(Foto: Shantala Fels)

Abbildung auf Seite 107:
Mountainbike-Rennen in
Bad Salzdetfurth
(Foto: Stephanie Oelkers)

1946/1947	Flüchtlingsstrom in den Landkreisen
Herbst 1946	erste demokratische Wahl zu den Kommunalparlamenten
1. März 1974	Gemeindereform; Stadt Hildesheim wird eingekreist; Landkreis Hildesheim entsteht
1. August 1977	Kreisreform; Altkreise Hildesheim und Alfeld werden zum neuen Landkreis Hildesheim zusammengelegt
1. Februar 1978	Auflösung des Regierungsbezirks Hildesheim
1985	100-jähriges Bestehen des Landkreises Hildesheim
7. April 1990	Einweihung des neuen Kreishauses
3. Oktober 1990	Wiedervereinigung Deutschlands
26. September 1999	erste Direktwahl: Landrätin Ingrid Baule (SPD)
24. September 2006	zweite Direktwahl: Landrat Reiner Wegner (SPD)
21. September 2007	Festakt 30 Jahre neuer Landkreis Hildesheim